管 理 研 究

2018 年第 2 辑

邓大松　向运华　主编

中国金融出版社

责任编辑：肖丽敏
责任校对：张志文
责任印制：陈晓川

图书在版编目（CIP）数据

管理研究. 2018年. 第2辑/邓大松，向运华主编. —北京：中国金融
出版社，2018. 12
ISBN 978 – 7 – 5049 – 9894 – 1

Ⅰ. ①管… Ⅱ. ①邓…②向 Ⅲ. ①管理学—研究 Ⅳ. ①C93

中国版本图书馆 CIP 数据核字（2018）第 274635 号

管理研究（Guanli Yanjui）

出版
发行 **中国金融出版社**

社址　北京市丰台区益泽路2号
市场开发部　（010）63266347，63805472，63439533（传真）
网 上 书 店　http://www.chinafph.com
　　　　　　　（010）63286832，63365686（传真）
读者服务部　（010）66070833，62568380
邮编　100071
经销　新华书店
印刷　北京市松源印刷有限公司
尺寸　169毫米×239毫米
印张　5.75
字数　81千
版次　2018年12月第1版
印次　2018年12月第1次印刷
定价　30.00元
ISBN 978 – 7 – 5049 – 9894 – 1
如出现印装错误本社负责调换　联系电话（010）63263947

编 委 会

(按拼音排序)

目 录
○ ○ ○ contents

法治政府视阈下的权力清单探析
——以习近平总书记提出的理念为切入点

◎刘学涛*

中央财经大学法学院，北京，100081

摘　要：党的十八届四中全会首次明确提出"完善行政组织和行政程序法律制度，推进机构、职能、权限、程序、责任法定化"的要求。依法治国的核心是依法规范公共权力的运行。建设法治政府必须面对政府机构的设置、职能、权力、责任、义务等有清晰的法律规定，国家的宪法和法律除了对政府依宪行政和依法行政有原则性的规定外，还必须有具体的程序性规定。由于当前政府仍旧存在职权滥用、权力"寻租"等现象，因此需要依法规制政府职权。本文试图通过对习近平总书记提出的权力清单理念进行梳理，试图更好地落实与完善加快推进政府机构与职能法定化的进程。

关键词：权力清单　政府机构　职能法定化

　　法治是现代国家的基本要义，而以制度将公共权力约束在法律的框架内运行则是现代法治思想的基本理念。所以，建立适合中国政治制度土壤

* 刘学涛，男，陕西韩城人，中央财经大学法学院博士研究生，主要研究方向为行政法基础理论。

的行政权力公开、监督、制约机制不仅是我国深化政治体制、行政体制改革的重要内容，更是法治国家和法治政府建设的内在要求。法定化既是政府机构和职能设定及其运行机制的经验的总结，也是深入推进依法行政、加快建设法治政府的前提条件。尽快实现机构职能权限责任程序法定化，有助于加快建设权责法定、廉洁高效的法治政府。

回顾我国行政体制改革和政府职能转变的历程，发现政府为了回应社会环境的变化和社会发展的需求，其运行机制一直处于变革、调整和创新之中，"政府改革是一个没完没了的事业"。① 政府作为公共组织，其机构的设置是否合理、职能是否科学、权限是否明确、程序是否公正、责任是否清晰、工作人员是否称职，以机构、职能、权限、程序、责任以及工作人员为中心建立起来的政府权力运行机制规则是否完善、运行机制是否顺畅，在很大程度上影响着政府效能的达成和目标的实现。政府运行机制的法治化，是要以法治政府的原则为指导、以政府行政权力运行规则为依据，建立起规范化的、以政府运行各要素为中心的、结构合理、功能完善、关系顺畅的运行机制。

国务院 2004 年颁布的《全面推进依法行政实施纲要》中明确将"程序正当"作为依法行政的内容之一，其要求行政机关实施行政管理，除涉及国家秘密和依法受到保护的商业秘密、个人隐私外，应当公开，注意听取公民、法人和其他组织的意见；要严格遵循法定程序，依法保障行政管理相对人、利害关系人的知情权、参与权和救济权。行政机关工作人员履行职责，与行政管理相对人存在利害关系时，应当回避。权力清单制度要求行政机关公布行政权力的行使流程，这就使得权力清单制度具有了程序控权的功能。② 因此，国务院颁布的《纲要》在一定程度上对权力清单制度产生重要的影响。

---

① 张成福，李丹婷，李昊城. 政府架构及运行机制研究：经验与启示 [EB/OL]. 中国行政管理网站，http://www.cpaj.com/cn/news/2012313/n354.shtml.
② 王春业. 论地方权力清单制度及其法制化 [J]. 政法论坛，2014（6）.

一、习近平总书记提出的权力清单理念概述

"纵观人类政治文明史，权力是一把双刃剑，在法治轨道上行使可以造福人民，在法律之外行使则必然祸害国家和人民。"① "权力不论大小，只要不受制约和监督，都可能被滥用。"② "没有监督的权力必然导致腐败，这是一条铁律。"③

2013 年 2 月 28 日中国共产党第十八届中央委员会第二次全体会议全会强调，行政体制改革是推动上层建筑适应经济基础的必然要求，要深入推进政企分开、政资分开、政事分开、政社分开，健全部门职责体系，建设职能科学、结构优化、廉洁高效、人民满意的服务型政府。全会通过的《国务院机构改革和职能转变方案》，贯彻党的十八大关于建立中国特色社会主义行政体制目标的要求，以职能转变为核心，继续简政放权、推进机构改革、完善制度机制、提高行政效能，稳步推进大部门制改革，对减少和下放投资审批事项、减少和下放生产经营活动审批事项、减少资质资格许可和认定、减少专项转移支付和收费、减少部门职责交叉和分散、改革工商登记制度、改革社会组织管理制度、改善和加强宏观管理、加强基础性制度建设、加强依法行政等作出重大部署。要深刻认识深化行政体制和政府机构改革的重要性和紧迫性，处理好政府和市场、政府和社会、中央和地方的关系，深化行政审批制度改革，减少微观事务管理，以充分发挥市场在资源配置中的基础性作用、更好地发挥社会力量在管理社会事务中的作用、充分发挥中央和地方两个积极性，加快形成权界清晰、分工合理、权责一致、运转高效、法治保障的国务院机构职能体系，切实提高政府管理科学化水平。要坚持以人为本、执政为民，在服务中实施管理，在管理中实现服务。要加强公务员队伍建设和政风建设，改进工作方式，转变工

---

① 习近平. 在十八届中央政治局第四次集体学习时的讲话［A］. 习近平关于全面依法治国论述摘编［C］. 北京：中央文献出版社，2015：43.

② 同上。

③ 习近平. 严格执法，司法公正［A］. 十八大以来重要文献选编（上）［M］. 北京：中央文献出版社，2014：718.

作作风，提高工作效率和服务水平，提高政府公信力和执行力。国务院机构改革和职能转变任务艰巨，事关改革发展稳定大局，事关社会主义市场经济体制完善，要精心组织实施，确保改革顺利进行。

2013年11月12日中国共产党第十八届中央委员会第三次全体会议通过的《中共中央关于全面深化改革若干重大问题的决定》中又一次指出："全面正确履行政府职能。进一步简政放权，深化行政审批制度改革，最大限度地减少中央政府对微观事务的管理，市场机制能有效调节的经济活动，一律取消审批，对保留的行政审批事项要规范管理、提高效率；直接面向基层、量大面广、由地方管理更方便有效的经济社会事项，一律下放地方和基层管理。"

建设法治政府，首要的是科学设定政府职能、依法履行政府职能。习近平总书记指出："各级政府必须依法全面履行职能，坚持法定职责必须为、法无授权不可为。"① "该管的事一定要管好、管到位，该放的权一定要放足、放到位，坚决克服职能错位、越位、缺位现象。"② "要最大限度地减少政府对微观事务的管理。对保留的审批事项，要推行权力清单制度，公开审批流程，提高审批透明度，压缩自由裁量权。"③ 在履行职能问题上，行政机关必须坚持职能法定这一法治原则，不得法外设定权力，没有法律法规依据不得作出减损公民、法人和其他组织合法权益或者增加其义务的决定。要推行政府权力清单制度，坚决消除权力"设租""寻租"空间，坚决纠正不作为、乱作为，坚决克服懒政、怠政，坚决惩处失职、渎职。推进各级政府事权规范化、法律化，完善不同层级政府特别是中央和地方政府事权法律制度，强化中央政府宏观管理、制度设定职责和必要的执法权，强化省级政府统筹推进区域内基本公共服务均等化职责，强化市县政府执行职责。

---

① 习近平．加快建设社会主义法治国家［J］．求是，2015（1）：7.
② 正确发挥市场作用和政府作用 推动经济社会持续健康发展［N］．人民日报，2014-05-28.
③ 习近平．在十八届中央政治局第四次集体学习时的讲话［A］．习近平关于全面依法治国论述摘编［C］．北京：中央文献出版社，2015：43.

依法设定权力，核心是实行权力清单制度。习近平总书记在十八届四中全会上提出依法制定权力清单，推进机构、职能、权限、程序、责任法定化；行政机关不得法外设定权力，没有法律法规依据不得作出减损公民、法人和其他组织合法权益或者增加其义务的决定；坚决消除权力"设租""寻租"空间。要求各级政府及其工作部门依据权力清单，向社会全面公开政府职能、法律依据、实施主体、职责权限、管理流程、监督方式等事项。通过清单制度把政府的行政权力关进法律制度的笼子里。不仅政府要有权力清单，执政党也要有权力清单。习近平总书记说："执政党对资源的支配权力很大，应该有一个权力清单，什么权能用，什么权不能用，什么是公权，什么是私权，要分开，不能公权私用。"① 还要探索对数量很多但在宪法法律和党规党法上没有依据的"临时机构""协调机构"制定权力清单。在制定权力清单、建立"法定职权必须为、法无授权不可为"刚性约束的同时，也要有关于公民、法人权利的"负面清单"。正确处理权力与权利的关系，体现"法不禁止即可为"的法治精神和市场规律。权利负面清单是对权力清单的补充和加强。

党的十七大、十八大、十九大都提出要"完善组织法制和程序规则，确保国家机关依照法定权限和程序，行使权力，履行职责"，一是组织法，二是程序法。《中共中央关于全面推进依法治国若干重大问题的决定》就指出了"依法全面履行政府职能，完善行政组织和从程序法律制度，推进机构、职能、权限、程序、责任法定化"。从权责法定来说，权力清单这一学说由部门组织法中关于职权的规定和由此制定的单行法中关于职权的授予所综合而成的。权力清单不仅应该公示，还应当进行评议，明确权力来源的法律依据和中央与地方、各部门之间权力配置是否适当。"行政机关不得法外设定权力，没有法律法规依据，不得作出减损公民、法人和其他组织

---

① 习近平. 在十八届中央政治局第二十四次集体学习时的讲话（2015 年 6 月 26 日）［A］. 习近平关于严明党的纪律和规矩论述摘编［C］. 北京：中央文献出版社、中国方正出版社，2016：64.

合法权益，或者增加其义务的决定。"① 政府职责法定化实质是政府权源合法性问题。只有政府权力来源于法律的明确规定，才是合法化的权力。法定化既是政府机构和职能设定及其运行机制的经验的总结，也是深入推进依法行政、加快建设法治政府的前提条件。尽快实现机构职能权限责任程序法定化，有助于加快建设权责法定、廉洁高效的法治政府。由于当前政府仍旧存在职权滥用、权力"寻租"等现象，因此需要依法规制政府职权。

二、法治政府视阈下正面权力清单的一般理论

（一）权力清单的内涵

作为一项新兴事物，我国政府权力清单制度在实践中取得了显著的成效，在理论上也有很大的进步。那么，何为权力清单？ 所谓的权力清单最初来源于"负面清单"。② 自美国与新加坡签订了自由贸易协定之后，亚洲国家逐步开始使用清单模式。③ 之后，我国政府便将这项制度引进来用于我国的政府行政体制改革中，以此来约束政府权力，防止行政权力的腐败。但是，目前理论界针对我国政府权力清单制度的内涵理解莫衷一是，各种学者都提出了自己的观点主张。

清华大学程文浩教授认为，权力清单"就是把各级政府和各个政府部门所掌握的各项公共权力进行全面统计，并将权力的列表清单公之于众，主动接受社会监督"。④

有学者从减少行政审批事项角度对权力清单进行定义，认为我国政府

---

① 中共中央关于全面推进依法治国若干重大问题的决定［A］. 中国共产党第十八届中央委员会第四次全体会议文件汇编［C］. 北京：人民出版社，2014：35.

② 所谓负面清单（Nega-tive List），最早出现于自由贸易协定（FTA）中，1994 年生效的北美自由贸易区（NAFTA）被认为是最早采用负面清单的 FTA 之一，在美国和新加坡达成 FTA 之后，这种制度也被亚洲多国所仿效。它作为国际通用的投资准入机制，规定世界各国政府通过清单罗列的手段对投资经营领域内的各事项进行限制或禁止，清单以外的区域则完全开放，市场中的主体只要符合法律条件，登记注册后便可以自由从事各种市场活动。

③ 胡锐根，徐靖芮. 我国政府权力清单制度的建设与完善［J］. 中共天津市委党校学报，2015（1）.

④ 程文浩. 国家治理过程的"可视化"如何实现——权力清单制度的内涵、意义和推进策略［J］. 人民论坛—学术前沿，2014（5）.

权力清单制度的核心就是管住政府的权力，把它关进制度的笼子里面，让人民群众了解政府可以行使哪些权力，不可以行使哪些权力，让公众知道政府与社会、市场的边界，从源头上减少审批事项，降低审批门槛，激发市场活力。①

有学者从法理角度分析认为，我国政府权力清单制度是一种授权性机制，人民代表大会制定法律法规，明确规定了政府行政权及行使程序，以及法律责任，将权力授权给政府行使，政府则应该依法执法，如果法律没有授权，则坚决不能违反，此外，政府部门将现阶段拥有的行政权力进行汇总，并向人民群众公开公布的这种行为说明我国政府权力清单制度的制定过程是一个法律汇编的过程，行政主体在制定权力清单过程中没有创制任何权力，所以不能解释为是法律编纂。②

还有学者从行政法视角分析认为，行政权力清单从字面意思上讲，就是全面详细记录行政权力的一张清单。如果通过行政法的视角给我国政府权力清单制度作界定的话，那就是：特定的行政主体运用行政法的手段对权力行使的类型进行列举或概括，使所行使的权力反映在一个细目清单中，使该清单作为其行使权力的依据，并对行政主体滥用权力进行约束。③

以上专家学者能从各个角度来谈权力清单，能够对权力清单作一个概述。其实，权力清单实质上是一种政策术语，并非一种法律术语，指的是根据法律规定，行政机关对其享有的行政职权类型化，并以目录形式编制成清单，向全社会公开公布的权力制约机制。

为了更好地理解这一含义，可以从以下几个方面深化：

第一，权力清单的编制主体是享有行政职权的各级政府及其工作部门。权力清单是将权力目录与权力流程公之于众，把权力运行的每个环节都置于阳光之下，所以，权力清单的编制主体则是享有行政职权的各级政府及其工作部门。各级政府及其工作部门的行政职权通过法律的授权享有行政

---

① 瞿芃. 权力清单：改革新起点 [N]. 中国纪检监察报, 2014 – 02 – 28.
② 苏艺. 论行政权力清单的本质属性与实践检验 [J]. 行政科学论坛, 2015 (4).
③ 关保英. 权力清单的行政法价值 [J]. 郑州大学学报（哲学社会科学版）, 2014 (6).

职权，但是具体的权力及其行使流程需要进一步细化，在细化过程中，可能影响公众的知情权，所以，权力清单制度的编制主体是各级政府及其工作部门，因为他们具有法定的行政权力。

第二，清理对象是行政权力事项。主要是指依据法律、法规、规章、规范性文件和部门职责分工的规定，由法定行政机关或者组织实施，对公民、法人或者其他组织的权利义务产生直接影响的具体行政行为。

第三，清单的内容包括"政府职能、法律依据、实施主体、职责权限、管理流程、监督方式等事项"，这些事项影响政府权力是否依法行使，因此，政府权力清单必须要包括这些内容。而且，政府及其工作部门能够通过对行政权力进行系统全面的梳理、整合，从而明确行政权力的行使主体、权限范围、行使程序等。

第四，清单的目的是明晰政府的权力边界，运行流程及责任归属。权力清单具有规范性，它能够规范政府与市场的关系、政府与社会的关系，使政府对内对外职责边界明晰化，而且也能规范权力运行步骤、方式、次序、时限以及权力运行效果评价办法和衡量标准，使政府运行的职责边界明确化。

（二）发展历程

我国的权力清单最早出现在 2005 年邯郸市政府公布的市长权力清单，这一清单的公布有着划时代的意义和深刻的时代背景。① 权力清单虽然出现在这一时期，但是其背后折射出的依法行政理念在改革开放之初就进入了人们的视野。改革开放将计划经济转向市场经济，随之改变则是法律制度的变革，最突出的则是民事法律制度逐渐健全，但是行政法律制度方面的发展差强人意。之后，随着改革开放的一步步深入，专断的行政权力一步步凸显，并严重干扰着市场经济活动的有序发展，行政法律制度的缺失阻

---

① 2003 年，李友灿贪腐案案发，作为河北省对外经贸经济合作厅原副厅长，李友灿利用进口汽车配额审批权疯狂受贿，而他的主管领导和同事，竟然不知道他手中还握有这项审批权。在时任河北省委副书记、省纪委书记张毅的推动下，邯郸市政府于 2005 年公布了国内首份市长权力清单，经过梳理，邯郸市市长共有 93 项职权，7 位副市长中职权最多的有 22 项，最少的有 7 项。具体可参见徐彬.邯郸市列出国内首份市长"权力清单"［J］.法治与社会，2006（2）.

碍了经济的发展。所以，1990 年出台了《行政诉讼法》，使得公民享有了在司法上救济因行政权力遭到损害的合法权益，在一定程度上也约束了政府的权力。1997 年召开党的第十五次全国代表大会将依法治国确定为治国的基本方略，1999 年通过的《宪法修正案》明确规定："中华人民共和国实行依法治国，建设社会主义法治国家"，随后，国务院发布《全面推进依法行政决定》，对依法治国方略进行进一步阐述，认为"依法行政是依法治国的重要组成部分，很大程度上对依法治国基本方略的实行具有决定性意义"。

2004 年国务院发布《全面推进依法行政实施纲要》，从目标、原则、基本要求等各方面对依法行政进行了系统阐述，明确要求"行政机关实施行政管理，应当依照法律、法规、规章的规定进行"，"行政机关违法或者不当行使职权，应当依法承担法律责任"党的十八届三中全会提出："推行地方各级政府及其工作部门权力清单制度，依法公开权力运行流程。"① 党的十八届四中全会两次提出了"权力清单"，第一次是在"依法全面履行政府职能"主题下提到，要求："推行政府权力清单制度"，"推进各级政府事权规范化、法律化，完善不同层级政府特别是中央和地方政府事权法律制度"。第二次进一步提出，要深入推进依法行政，加快建设法治政府，"推行政府权力清单制度，坚决消除权力'设租''寻租'空间。"② 同时，国务院也在积极落实和推进政府权力清单制度。2015 年 3 月中共中央办公厅、国务院办公厅印发了《关于推行地方各级政府工作部门权力清单制度的指导意见》，该指导意见表明权力清单的内容应当包括"地方各级政府工作部口行使的各项行政职权及其依据、行使主体、运行流程、对应的责任"，并对各级政府对行政权力所进行的分类给出了可参照适用的分类标准③，指明了"对没有法定依据的行政职权，应及时取消，确有必要保留的，按程序办理；对虽有法定依据但不符合全面深化改革要求和经济社会发展需要的，法定依据相互冲突矛盾的，调整对象消失、多年不发生管理行为的行政职

---

① 中共中央关于全面深化改革若干重大问题的决定［R］.北京：人民出版社，2013。
② 中共中央关于全面推进依法治国若干重大问题的决定［R］.北京：人民出版社，2014.
③ 《指导意见》中所给化的分巧标准为：行政许可、行政处罚、行政强制、行政征收、行政给付、行政检查、行政确认、行政奖励、行政裁决和其他类别。

权，应及时提出取消或者调整的建议"。5 月 12 日国务院批准《2015 年推进简政放权放管结合转变政府职能工作方案》，国务院将 2015 年视为全面深化改革的关键之年，是全面推进依法治国的开局之年，也是稳增长调结构的紧要之年。权力清单制度由此进入公共话题讨论视野。权力清单制度，是近年来在总结我国一些地方规范和约束政府权力的有益经验基础上试点推行的制度。

（三）理论基础

"任何一个法律部门和法学体系都必须有深厚而坚实的理论基础和科学的理论逻辑的建构，否则这个法律部门的存在就缺乏合理性基础，这一法学理论体系就不能称为现代科学。"[1] 所以，一套成熟的理论犹如构建社会制度大厦的基石，而且任何一种社会制度的形成和发展离不开一定成熟理论的指导。权力清单作为一项新兴法律制度也不例外，同样有着极为深厚的理论基础。正是在这种理论基础的指导和推动之下，权力清单制度才得以产生、发展并不断完善。因此，深入分析权力清单制度的理论基础，可以维护社会的开放以及民主程序的运作，使人民能够有效地监督政府，防止政府的不当行为。本文认为，权力清单制度有如下理论基础。

1. 有限政府理论

有限政府理论首次系统地提出是在英国的商治思想家洛克的经典著作《政府论》中，其价值导向在于规范政府的权力运作以及防止权力的恣意。他认为"使用绝对的专断权力，或不以确定的、经常有效的法律来进行统治，两者都是与社会和政府的目的不想符合的"。[2] 所谓有限政府，是指"其权力、职能、规模和行为方式都受到宪法和法律的明文限制，并接受社会监督和制约的政府"。[3] "有限"并不意味着"无为"，相反，限定政府的权力，使其集中于"当为、可为、能为"的领域，正是对其"有为"的保

---

[1] 刘旺洪. 权利与权力：行政法的理论逻辑 [J]. 江苏行政学院学报，2001（2）.

[2] [英] 约翰·洛克. 政府论（下篇），叶启芳，瞿菊农，译 [M]. 北京：商务印书馆，1964：85.

[3] 谢庆奎. 当代中国政府与政治山 [M]. 北京：高等教育出版社，2003：182.

障。即有限政府不是弱政府，而是一个职能有限、规模适度、能动有为、效益最优的政府。现代有限政府理论应当包括以下三大要义，"限制权力，保障权利；着眼公共，把握限度；用足市场，慎求政府"。① 从行政权的属性看，行政裁量和权力滥用是矛盾的，"自由裁量意味着在在合理意志范围内，符合法定要求并服务合法目的采取行动"，② 这样的行政行为即具有公定力、执行力和拘束力。有限政府理论为推行政府权力清单制度提供了理论依据，基于有限政府理论，我们可以明确：一方面，既然政府权力是有限的而非无穷无尽的，则必然可清单的形式将其列明；另一方面，有限政府理论从理论上明确了行政权力的客观边界和主观边界，为我们在制定和完善政府权力清单内容上提供了理论基础。

2. 服务行政理论

在西方，从"夜警国家"到"福利国家"，从"市场失灵"到"政府失灵"，各国在经历了市场与政府双重失灵的沉痛教训之后，对政府的角色定位与职能要求进行了深刻的反思。20 世纪初，法国学者莱昂·狄冀提出"公共服务"的概念，提出"公共服务"是现代国家的基础。③ 所谓服务行政，是以"政府以维持人们生活，增进人民福利和促进化会运转与发展为目的，直接或间接向公民个人与市场机制提供其所不能自行提供的公共服务保障公民基本生活的一种行政方式。"④ 服务型政府已成为我国政府改革的目标模式，是推进我国行政体制改革的关键，也是转变政府职能的核心所在。"服务型政府的责任取向是对人民负责"，应当将政府从眉毛胡子一把抓的困境中解放出来，集中力量管好"该管、可管、能管"的事物，实现政府的作为和高效。⑤ 政府权力清单制度以服务行政理念为基础，落实这

---

① 唐德龙. 有限政府的基本要义及现实诉求［J］. 北京科技大学学报（社会科学版），2007（2）.

② ［法］狄骥. 公法的变迁［M］. 郑戈，译. 北京：中国法制出版社，2010：121, 156.

③ ［法］莱昂·狄冀. 公法的变迁：国家与法律［M］. 郑戈，冷静，译. 沈阳：春风文艺出版社，1998：13.

④ 蔡乐渭. 服务行政基本问题研究［J］. 江淮论坛，2009（3）.

⑤ 杨磊，马岩巍. 服务型政府理论研究综述［J］. 湖北行政学院学报，2006（6）.

一制度体现和践行了服务行政理念。一方面，对现有行政权力的梳理、整合，以清单的方式公布，法无授权不可为之，改变了传统政府治理模式中政府面面俱到的管理模式；另一方面，实行政府权力清单制度，制定和公布政府权力清单，使社会公众能够方便快捷地查询、了解各项行政权力的内容，推进政府权力清单相关的电子政务服务，以此提商行政效率，都体现了服务行政的理念。

3. 法治政府理论

最早阐释"法治"内涵的是古希腊哲学家亚里士多德[①]，他的法治理论包含了两层内涵："已经成立的法律获得普遍的服从，而大家所服从的法律又应该本身是制定得良好的法律"[②]，也就是说，"法律是最优良的统治者"及"法治应当优于一人之治"[③]，这一思想被后人解读为人人守法与良法之治的结合，成为法治理论的思想渊源。法治的直接目标是规范公民的行为，管理社会事务，维持正常的社会生活秩序；但其最终目标在于保护公民的自由、平等及其他基本政治权利"。"它既规范公民的行为，但更制约政府的行为。"[④] 总而言之，法治政府的建设目标就是：守法、便民、透明、诚信、责任等。[⑤]

权力清单制度的一个关键点在于清理权力，其推行有助于各个政府机构能够明确自身权责，正确履行自己的职能。这是因为：第一，通过清理并向社会公开，能让似乎无处不在、无所不能的权力"晒"在阳光下，让不在清单之上的权力不能行使，这样一来，将极大地限制政府部门所拥有的法外权力。第二，当公众都可以看到这份清单时，就能判断行政机关是否拥有这项权力以及如何行使，这样就能减少双方的争议，促使行政机关

---

① 也有学者认为柏拉图的《法律篇》是西方法治理论的思想渊源，其内容已经覆盖法治的主要原则和环节。李龙、张完洪. 法治理论源头辩证 [J]. 华中科技大学学报（社会科学版），2003（2）.

② ［古希腊］亚里士多德. 政治学 [M]. 吴寿彭，译. 北京：商务印书馆，1965：199.

③ ［古希腊］亚里士多德. 政治学 [M]. 吴寿彭，译. 北京：商务印书馆，1965：167 - 171.

④ 俞可平. 民主与陀螺 [M]. 北京：北京大学出版社，2006：111.

⑤ 叶必丰. 法治政府的建设目标 [N]. 光明日报，2004 - 10 - 19.

做到依法行政。第三，通过对行政机关的权力进行梳理，可以明确相关职责，解决权力交叉的现象以及部门之间相互推诿的问题，克服行政不作为、乱作为等现象，同时也更有利于合理科学的设置行政岗位，配置行政权力，更好地规范和约束行政权力。"推进依法行政、建设法治政府作为近现代政府管理模式的一场持久而深刻的革命，是人类从愚昧走向文明、从战争走向和平、从专制走向民主、从人治走向法治的一种普遍性规律和世界潮流。"① 建立权力清单制度是对行政机构行为的重塑，它将迈出建设法治政府的有力一步，并成为推进国家治理体系的重要制度措施。

（四）深远意义

政府权力清单制度是政府及其部门"以'清权'（梳理政府及部门职责）、'确权'（编制权力目录和运行流程图）、'配权'（对现有权力进行调整、优化权力流程）、'晒权'（公开权力清单和流程）、'制权'（建立健全事中事后监管制度）②"为核心内容的权力革命，其实质是给行政制权打造一个透明的制度笼子，将行政权力压缩到合法、合理、必要、可监督的范围，并置于阳光之下运行。

实施清单制度是进一步推进简政放权、转变政府职能的重要举措。编制权力清单的过程就是进一步转变职能的过程，执行权力清单的过程就是推进依法行政的过程，公开权力清单的过程就是加强社会监督的过程，规范权力清单的过程就是实现便民服务的过程。为此，要以编制和执行权力清单为契机，提高各级干部的依法行政意识、牢固树立"法无授权不可为"的依法行政理念，自觉养成依法办事的习惯。

实施清单制度是实现行政程序规范化的重要保障。权力清单制度不仅要求行政机关明确自身应由的权力，而且需明确自身的工作流程。因为权力清单需要公布于众，接受行政相对人和社会大众的监督，所以就要求行政机关必须要严格按照法律规定和行政管理的实际需要，合法、科学地确定行政权力的行使程序。程序正当原则作为现代行政法治的一项基本原则，

---

① 袁曙宏. 法治规律与中国国情创造性结合的蓝本 [J]. 中国法学, 2004 (4).
② 任进. 权力清单制度迎难而进 [J]. 协商论坛, 2014 (6).

已为我国学界所接受。①

实施权力清单，是践行行政为民原则的体现。行政为民原则要求行政主体在行使行政权力时，以方便公民、法人和其他组织为活动的宗旨，采取便利行政相对人的方式和程序实施行政行为。权力清单制度彰显了行政法中以人为本的精神，制定清单在于实现权为民所用的目的，清单的实施自然应一切以服务于公民为准则。"国家不应有自身的目的，其全部目的应当在于为社会成员的发展提供方便和保障。在这个意义上，国家权力的存在和行使才是必要的、有益的、可以接受的。"② 权力清单制度所强调的行政为民也是当前所强调的服务行政的题中应有之义，行政为民是服务行政的内在要求和终极目的，是执政为民的一个具体表现。

权力清单是契合"法治中国"和"治理现代化"理念要求的重大制度创新，是推进法治政府建设的基础性工程和严格依法行政的关键举措，是从源头上预防滥用权力、预防权力"寻租"和预防腐败的重要的制度保障。权力清单制度的建立健全和推行对于加快政府职能转变、进一步深化行政管理体制改革进而推动经济体制的改革具有重要意义和作用。

三、法治政府视阈下的权利清单困境

推行政府权力清单制度是政府的一场"自我革命"，涉及政府部门中科学配置行政权力，依法公开权力和规范权力运行，以及管理理念和管理方式的更新与变革。具体分析我国目前的权力清单的状况，还存在以下问题。

（一）权力清单制度缺乏相关法律规制

从 2005 年首份邯郸"市长权力清单"公布到现在，国家层面上还没有一部统一的法律对权力清单制度进行规定，只有党的十八届三中全会、四中全会的《决定》和《关于推进各地各级政府工作部门权力清单制度的指导意见》中进行了规定，但这只是中央的重大决策部署，没有法律强制执行力；在地方层面，各地政府在权力清单制度推行中只是发布地方性指导

---

① 章建生. 现代行政法专题［M］. 北京：清华大学出版社，2014；194－197.
② ［意］G. 萨托利. 民主新论［M］. 冯克利，阎克文，译. 北京：东方出版社，1993；308.

意见等政策性文件，截至目前，只有内蒙古自治区政府在 2015 年 5 月 1 日率先建立了权力清单制度全国第一部地方法律《内蒙古自治区行政权力监督管理办法》，用以监督管理政府权力设定和运行。但是要全面推行权力清单制度，只靠政策推行，实施的效果可想而知，法律具有国家强制力，所以将其以法律的形式确定，保障其实施。

（二）权力事项缺少相应的责任规定

目前的行政权清单还处在政府自己给自己制定权力清单的阶段，何时制定、怎样制定、制定哪些内容、是否依权力清单履行等，都由政府自己说了算，缺乏法律的监督和规范，缺乏公民和社会的监督途径，这不但不能保证权程中，政府既是制定者，也是执行者，还是裁判者，显然不符合自然公正原则。"① 从制度建构的层面看，一项完备的制度结构，必然包括与之配套的责任规定和责任追究的具体内容。责任追究机制是保障制度有效运行的重要组成部分，责任追究一旦缺失，责任主体就会倾向于实现自我利益的最大化。如果欠缺与政府权力事项对应的责任事项，政府权力清单的推行效果就很难得到保障，政府滥权、越权依然会有恃无恐，权力清单制度自然也逐渐会形同虚设。

（三）权力清单制度设计的精细化水平有待加强

目前，我国一些地方政府已经规定了"清权""确权""配权""晒权""制权"等具体的工作流程，但其仍存在精细化程度有待继续完善的空间。比如，在具体的清权、确权阶段，就存在如何通过严格、合理地程序规定保证政府部门和行政相对人等各方面利益得以表达的问题。在配权阶段，主要考虑的是如何促进经济的健康发展，如何进一步优化为企业服务。在晒权阶段，将全部梳理出来的几千项权力全部晒出来可能有法律风险并且也将会花费巨大的成本，而哪些权力应该先晒出来，哪些权力可以后晒出来以及如何实现权力清单的动态管理等方面都缺乏明确而清晰的细化规定。

---

① 王春业．论地方行政权力清单制度及其法制化 [J]．政法论丛，2014（6）．

四、法治政府视阈下的权力清单出路

政府权力清单制度是一项政府深化政治体制改革实施的新举措，是各级政府及其工作部门严格遵循的基本原则，这充分体现了政府在依法治国理念下建设法治政府的决心，进一步推进政府权力清单制度是中央政府对各级地方政府的要求，有利于加快政府由管理型政府向服务型政府转变的进程。目前，各地政府都在积极推进政府权力清单制度，并取得了良好的效果，但是由于该制度实施时间不长，理论研究还不足，尚未形成统一的制度体系，对权力清单制度的概述、实践中存在的问题及如何完善还存在不足，因此有必要结合我国的具体国情，构建一个科学合理的政府权力清单制度。

（一）健全相关的法律法规

我国政府权力清单制度要想摆脱"人治"的窠臼，必须要通过立法的方式，将其上升到法律层面上，通过国家强制力的保证实施才能达到应有的效果。否则，政府机关自己编制的权力清单难以得到普遍实施，难以得到公众的认可。

1. 在中央层面上进行立法规定

由于各地政府权力清单制度在内容和划分标准差别过大，为了解决此问题，现如今迫切需要建立全国统一的法律或行政法规来进行法律规制。在建立全国统一的权力清单法律之前，中央政府可以先出台行政法规对权力清单进行规定，可以通过制定《行政权力清单条例》，在全国范围内全面地规范我国政府权力清单制度建设。

2. 在地方层面上进行立法规定

在地方层面，政府也可以地方性法规来订立本级权力清单，根据制定主体的法律地位，设立不同层级的法律编制标准，形成统一合规的通用式地方政府权力清单制度。① 具体来说，省一级的地方政府权力清单可以由省

---

① 王春业. 论地方行政权力清单制度及其法制化 ［J］. 政法论丛，2014（6）.

编办草拟，送政府修改批准后由人大立法确立，确立后进一步送全国人大常委会审核。

（二）进一步细化、落实行政责任

行政责任包括行政机关基于行政职务所应当承担的义务，以及在违反法定义务的情况下应当承担的行政执法过错责任。目前我国行政责任制度存在的问题主要包括："行政责任制存在全责脱节、权责不对称问题；设定行政责任的规范、主体、依据多；关于行政责任的适用条件与行政责任种类、幅度的规定，存在着不周全、不严格、不匹配的问题"。① 因此，有必要完善行政责任制度，防止义务与责任脱节，规范行政主体的职权行为，遏制行政权的滥用和不合理的支配。在行政责任政出多门、时效性差的背景下，以权力清单的出台为契机，将与权力相对应的行政责任纳入权力清单的规范之下，形成一个统一的、完善的权力归责体系。具体而言，第一，权力清单的制定者应当清理规定行政责任的法律文件，将不符合上级法律、法规、规章的规范性文件剔除出权力清单的设置依据行列。第二，行政责任应当具体、详细、明确行政机关在行使何种权力时候，应当承担何种责任义务以及在实施了何种违法行为时，承担何种行政责任。实现真正的"有权必有责"。

在法律规范的清理与修改不可能一蹴而就的情况下，通过制定统一的权力清单，可以使得行政官员在违法使用职权、滥用行政职权后有明确的责任追究依据。"健全基于权力清单下的责任追究机制，以保证一旦出现不作为、乱作为等现象，就必须有一个明确的责任主体为之付出相应的代价。"② 权力清单的落实可以有效地解决由于行政责任的不清楚、不明白、不具体等导致的责任设置流于形式的困境。

（三）建立权力清单动态化机制

权力清单不是一蹴而就的简单工程项目，而是一项具有长久持续性的

---

① 宋功德. 建设法治政府的理论基础与制度安排 [M]. 北京：国家行政学院出版社，2008：317-321.

② 何雨. 责任清单：构建基于社会治理背景下的权力清单制度核心 [J]. 上海城市管理，2014 (4).

制度；也不是一次简单的梳理和公布工作，而是一项持续性的伟大工程。由于时代的变迁，权力也不可能是铁板钉钉，一成不变的。"权力清单是动态的，而非静态的，其应随着行政权力的变化、变迁而及时加以调整和修改"。① 因此，各级政府也应当根据行政权力的变化而不断及时加以修改、调整，并将这一变化体现和反映在权力清单之中，从而不断推动权力清单的动态管理机制。实践证明，公布一次权力清单相对容易，而要保持权力清单的全面性和及时性则比较困难。因此，权力清单应当保持动态化。

（四）提升权力清单精细化水平

重视"精细化"是清单式管理的重要价值取向。为了进一步提升权力清单的精细化水平，方便公众查询和知晓权力清单内容，建议将其分为两部分，分别为权力事项目录和权力事项详情单两部分。第一部分的主要作用在于发挥提示、引领和检索的作用，使得公众能够方便知晓政府到底拥有哪些权力，而且能够顺利查找到具体的权力事项详情概况。其具体可以分为三级内容：第一级涉及政府部门职责范围内的不同管理领域，第二级涉及不同种类的行政权力，第三级涉及不同的权力事项。通过以上三级对行政权力的细化、深入划分，可以使得权力事项目录简洁明了，公众办事便捷高效。在权力事项目录的基础上编制权力事项详情单。权力事项详情单将详细、明确地罗列出包括政府职能、法律依据、实施主体、职责权限、管理流程、监督方式、权力行使主体、使用条件以及标准等方面的内容。在明细上述的基础上，梳理出行使行政权力的法定程序和流程图。

参考文献

［1］王春业. 论地方权力清单制度及其法制化［J］. 政法论坛，2014（6）.

［2］习近平. 在十八届中央政治局第四次集体学习时的讲话［A］. 习近平关于全面依法治国论述摘编［C］. 北京：中央文献出版社，2015：43.

---

① 李和中，刘姗毅. 加强建立和完善行政权力清单制度［J］. 广州大学学报（社会科学版），2014（9）.

［3］习近平．严格执法，司法公正［A］．十八大以来重要文献选编（上）［C］．北京：中央文献出版社，2014：718.

［4］习近平．加快建设社会主义法治国家［J］．求是，2015（1）：7.

［5］正确发挥市场作用和政府作用 推动经济社会持续健康发展［N］．人民日报，2014－05－28.

［6］习近平．在十八届中央政治局第四次集体学习时的讲话［A］．习近平关于全面依法治国论述摘编［C］．北京：中央文献出版社，2015：43.

［7］习近平．在十八届中央政治局第二十四次集体学习时的讲话（2015年6月26日）［A］．习近平关于严明党的纪律和规矩论述摘编［C］．北京：中央文献出版社、中国方正出版社，2016：64.

［8］中共中央关于全面推进依法治国若干重大问题的决定［A］．中国共产党第十八届中央委员会第四次全体会议文件汇编［C］．北京：人民出版社，2014：35.

［9］胡锐根，徐靖芮．我国政府权力清单制度的建设与完善［J］．中共天津市委党校学报，2015（1）.

［10］程文浩．国家治理过程的"可视化"如何实现——权力清单制度的内涵、意义和推进策略［J］．人民论坛—学术前沿，2014（5）.

［11］瞿芃．权力清单：改革新起点［N］．中国纪检监察报，2014－02－28.

［12］苏艺．论行政权力清单的本质属性与实践检验［J］．行政科学论坛，2015（4）.

［13］关保英．权力清单的行政法价值［J］．郑州大学学报（哲学社会科学版），2014（6）.

［14］徐彬．邯郸市列出国内首份市长"权力清单"［J］．法治与社会，2006（2）.

［15］中共中央关于全面深化改革若干重大问题的决定［M］．北京：人民出版社，2013.

［16］中共中央关于全面推进依法治国若干重大问题的决定［M］．北

京：人民出版社，2014.

　　[17] 刘旺洪. 权利与权力：行政法的理论逻辑 [J]. 江苏行政学院学报，2001 (2).

　　[18] [英] 约翰·洛克. 政府论（下篇），叶启芳，瞿菊农，译. 商务印书馆，1964：85.

　　[19] 谢庆奎. 当代中国政府与政治山 [M]. 北京：高等教育出版社，2003：182.

　　[20] 唐德龙. 有限政府的基本要义及现实诉求 [J]. 北京科技大学学报（社会科学版），2007 (2).

　　[21] [法] 狄骥，郑戈译. 公法的变迁 [M]. 北京：中国法制出版社，2010：121，156.

　　[22] [法] 莱昂·狄冀. 公法的变迁：国家与法律 [M]. 郑戈，冷静，译. 沈阳：春风文艺出版社，1998：13.

　　[23] 蔡乐渭. 服务行政基本问题研究 [J]. 江淮论坛，2009 (3).

　　[24] 杨磊，马岩巍. 服务型政府理论研究综述 [J]. 湖北行政学院学报，2006 (6).

　　[25] 李龙，张完洪. 法治理论源头辩证 [J]. 华中科技大学学报（社会科学版），2003 (2).

　　[26] [古希腊] 亚里士多德. 政治学 [M]. 吴寿彭，译，北京：商务印书馆，1965：199.

　　[27] 俞可平. 民主与陀螺 [M]. 北京：北京大学出版社，2006：111.

　　[28] 叶必丰. 法治政府的建设目标 [N]. 光明日报，2004 - 10 - 19.

　　[29] 袁曙宏. 法治规律与中国国情创造性结合的蓝本 [J]. 中国法学，2004 (4).

　　[30] 任进. 权力清单制度迎难而进 [J]. 协商论坛，2014 (6).

　　[31] 章建生. 现代行政法专题 [M]. 北京：清华大学出版社，2014：194 - 197.

［32］［意］G. 萨托利. 民主新论［M］. 冯克利，阎克文，译. 北京：东方出版社，1993：308.

［33］王春业. 论地方行政权力清单制度及其法制化［J］. 政法论丛，2014（6）.

［34］宋功德. 建设法治政府的理论基础与制度安排［M］. 北京：国家行政学院出版社，2008：317－321.

［35］何雨. 责任清单：构建基于社会治理背景下的权力清单制度核心［J］. 上海城市管理，2014（4）.

［36］李和中，刘孄毅. 加强建立和完善行政权力清单制度［J］. 广州大学学报（社会科学版），2014（9）.

论涉军"以租代建"土地租赁合同的效力及治理

◎石书伟　王彦娜

武汉大学政治与公共管理学院，湖北武汉，430072

　　摘　要：军队全面停止有偿服务的政策实施以来，由于军队与地方单位许多经济合同履行期限尚未届满，便引起了大量的诉讼。在这些涉案的合同纠纷中，存在很多"以租代建"土地租赁合同纠纷。依据《最高人民法院关于审理涉及国有土地使用权合同纠纷案件适用法律问题的解释》，涉军"以租代建"土地租赁合同应定性为房屋租赁合同。依据《合同法》和相关司法解释规定，此类合同是无效的。在坚持上述原则的情形下，采用治理的思路来平衡双方的利益的基本做法是在一定协调机制下，使军地双方之间的矛盾和冲突得以调和进而采取联合行动来高效地执行相关政策。具体来说，可以从以下几个方面入手：军队单位无须承担因租赁期限未届满而导致的地方单位预期经营利润损失；军队单位收取的租金无须退还；代建的房屋退还后，除双方特别订有清算协议外，军队单位应按折旧后房屋净值或按双方合理的清理条款约定给予地方单位补偿。建立军队党组织领导下多元主体参与的军地合同纠纷治理机制。

　　关键词：涉军　以租代建　合同效力　治理

2016 年 2 月，中央军委发出《关于军队和武警部队全面停止有偿服务活动的通知》[军发〔2016〕58 号]，要求军队和武警部队全面停止有偿服务活动。中央军委的这一科学决策对于深化国防和军队改革、提升军队战斗力具有深远的战略意义。这一项政策实施以来，由于军队与地方单位许多经济合同履行期限尚未届满，由此引起了大量的诉讼，在这些涉案的合同纠纷中，存在很多 "以租代建" 土地租赁合同纠纷，即双方约定：由军队提供土地，地方单位投资建设房屋并承担工程建设的全部费用，楼房建成后，产权归军队，由该地方单位承租该房屋并向军队缴纳租金，租赁期限一般为 20 年。在国家治理体系和治理能力现代化的背景下，如何认定此类合同纠纷的性质及效力，进而在坚持这一原则前提下采取治理的思路来平衡军地双方的利益，对于化解军地矛盾、厘清双方的权利与义务，高效执行《关于军队和武警部队全面停止有偿服务活动的通知》这一政策具有重要的理论与现实意义。

一、涉军 "以租代建" 土地租赁合同的性质

认清此类 "以租代建" 土地租赁合同签订的真实目的是准确定性 "以租代建" 土地租赁合同的前提。在这类 "以租代建" 土地租赁合同中，双方一般都约定，地方单位代建的房屋产权归军队单位，地方单位租赁期满后无偿将代建的房地产交还给军队单位。从合同约定看，双方签约意图是由军队提供土地，并办理建房相关审批手续，由地方以军队单位的名义建设该房屋并承担全部建设资金，军队单位作为对价以远低于市场价格的租金将建好的房屋租给地方单位使用。因此，此类合同其租赁的标的实质是代建的房屋，双方也不是合作开发土地，地方单位虽承担房屋的全部建设费用，但该费用也不是代建费用，而是作为预付租金形式，在使用年限中逐年予以折抵，地方单位并不承担合作开发的风险。

依据《最高人民法院关于审理涉及国有土地使用权合同纠纷案件适用法律问题的解释》第二十七条的规定："合作开发房地产合同约定提供资金的当事人不承担经营风险，只以租赁或者其他形式使用房屋的，应当认定

为房屋租赁合同。"[1]因此，涉军"以租代建"土地租赁合同虽名为土地租赁，其租赁的标的实质上是代建的房屋，无论从合同约定及双方实际履行的情况看，还是依据我国法律规定，涉军"以租代建"土地租赁合同应定性为房屋租赁合同。

二、涉军"以租代建"土地租赁合同的效力

（一）涉军"以租代建"土地租赁合同改变了土地用途，侵害了国家和军队的利益

我国实行房地一体主义，不仅房屋和土地的物权归属应适用该规则，房屋和土地的用途也应遵循该基本规则，土地用途直接决定房屋用途。改变房屋用途，其实质是改变了土地用途。涉军"以租代建"土地租赁合同中代建的房屋出租给地方单位后，地方单位都用于转租、商业经营等以获取经济收益，也就是说国防土地及房屋现实际用于各种经济活动，该租赁行为已完全改变了土地的用途。

《国防法》第三十七条和三十九条明确规定："国家为武装力量建设、国防科研生产和其他国防建设直接投入的资金、划拨使用的土地等资源属于国防资产。国家保护国防资产不受侵害，保障国防资产的安全、完整和有效。禁止任何组织或者个人破坏、损害和侵占国防资产。未经国务院、中央军委或者国务院、中央军委授权的机构批准，国防资产的占有、使用单位不得改变国防资产用于国防的目的。"[2]军队土地是国防资产的重要组成部分，必须统一规划、统一调配。军队土地的使用应当根据作战、战备、训练、生活和生产的需要，通盘安排，合理调整。在军队土地进行建设房屋必须依法办理相关审批手续，符合国防利益。未经批准，擅自在国防军事用地上建造房屋并出租，必定损害国家、社会公共利益，依据《合同法》第五十二条规定，房屋租赁合同无效。

（二）涉军"以租代建"土地租赁合同因未经批准擅自改变了土地用途，违反了国家关于土地方面的强制性规定

涉军"以租代建"房屋的用地都没有依法办理土地用途变更手续，违

反《土地管理法》和《土地管理法实施条例》等法律行政法规中关于土地使用者必须按照土地利用总体规划确定的用途使用土地的强制性规定。根据《土地管理法》第四条、第十二条、第五十六条，[3]《土地管理法实施条例》第六条的规定[4]：“国家实行土地用途管制制度。使用土地的单位和个人必须严格按照土地利用总体规划确定的用途使用土地。依法改变土地权属和用途的，应当经有关人民政府土地行政主管部门同意，报原批准用地的人民政府批准，并依法办理土地变更登记手续。”《土地管理法》及《土地管理法实施条例》关于不得擅自改变土地用途的规定系效力性强制性规定，其目的在于否定改变土地用途的行为在民商法上的效力，以引导民商事主体遵循我国土地用途管制的基本原则，按照既定土地用途合理使用土地。因此，涉案合同内容违反了法律法规的强制性规定，根据《合同法》第五十二条规定应属于无效合同。

（三）涉军“以租代建”土地租赁合同因至今未取得建设工程规划许可证，也未经主管部门批准建设，属于违法建筑，房屋租赁合同无效

在涉军“以租代建”土地租赁合同中，双方往往约定地方单位以军队单位名义建设，军队单位负责办理军内建设许可，在建设工程中，如果地方有人干涉，由军队单位负责处理。在实际履行过程中，许多军队单位仅以危房改造的名义获得了省军区后勤主管部门的建设许可，并未到地方主管部门办理建设工程规划许可。《城乡规划法》第六十四条规定：“未取得建设工程规划许可证或者未按照建设工程规划许可证的规定进行建设的，由县级以上地方人民政府城乡规划主管部门责令停止建设；尚可采取改正措施消除对规划实施的影响的，限期改正，处建设工程造价百分之五以上百分之十以下的罚款；无法采取改正措施消除影响的，限期拆除，不能拆除的，没收实物或者违法收入，可以并处建设工程造价百分之十以下的罚款。”[5]《城乡规划法》第六十五条规定：“在乡、村庄规划区内未依法取得乡村建设规划许可证或者未按照乡村建设规划许可证的规定进行建设的，由乡、镇人民政府责令停止建设、限期改正；逾期不改正的，可以拆除。”[6]

由上述法律规定可以看出，未取得建设工程规划许可证或者未按照建设工程规划许可证的规定进行建设的房屋及其他建筑（包括超出批准使用期限的临时建筑）规避了国家对于城乡规划体系、建筑产品质量、房地产市场的监管，损害了国家和社会的公共利益，也违反了《城乡规划法》的强制性规定，以此类房屋对外出租所签订的房屋租赁合同应为无效合同。

《最高人民法院关于审理城镇房屋租赁合同纠纷案件具体应用法律若干问题的解释》第二条规定："出租人就未取得建设工程规划许可证或者未按照建设工程规划许可证的规定建设的房屋，与承租人订立的租赁合同无效。"[7]此外，《军队房地产开发管理暂行规定》第十五条规定："利用军队房地产开发，不论数量多少，一律报总后勤部审批；涉及军事设施安全保密、影响军事设施使用效能或妨碍军事活动正常进行的，报总参谋部、总后勤部审批；房产产权和土地使用权转让给外商的，报中央军委审批。"[8]

依据上述法律规定，涉军"以租代建"的房屋应当在依法办理建设工程规划许可证后，方可开工建设，出租使用。然而，许多涉军"以租代建"的房屋至今未取得建设工程规划许可证，也未经军队主管部门批准建设，属于违法建筑。因此，以违法建筑物为标的物订立的房屋租赁合同自始无效。

三、涉军"以租代建"土地租赁合同纠纷的治理

依据《中华人民共和国合同法》第五十八条之规定，"合同无效后产生的法律后果为返还财产、折价补偿及赔偿损失。"[9]涉军"以租代建"土地租赁合同虽然在签订时系军地双方真实意思合意，但因无效却不能发生合同受法律保护、认可的法律后果。此类合同一旦被确认为无效，其无效的后果即从合同订立之时发生。因履行无效合同而取得的财产、实物，均应当返还。因合同一方的过错导致合同无效的，应当赔偿给对方造成的损失。双方当事人均有过错的，按过错程度各自分担损失。

（一）军队单位无须承担因租赁期限未届满而导致的地方单位预期经营利润损失

首先，无效合同自始就不具有法律效力，无效合同的损失与有效合同

债务不同，该损失属于缔约过失责任性质。

其次，缔约过失责任的最主要承担方式为损害赔偿，损害赔偿的对象为信赖利益。信赖利益损失指缔约人信赖合同有效成立，但因法定事由的发生，致使合同不成立、无效或者被撤销等而遭受的损失，表现为既有财产的减少，即为了准备履行合同而支出的经济费用。与信赖利益相对应的概念为履行利益（也可称为预期利益），是指合同有效成立的情况下，当事人因履行合同而可以获取的利益。两者适用于不同的情形，前者适用于合同无效的情形，后者适用于合同有效的情形。

在涉军"以租代建"土地租赁合同纠纷中，地方单位在诉讼中一般会要求军队单位赔偿因土地租赁期限未届满而可得的经营利润，该经营利润本质上属于履行利益。由于双方签订的合同不具有法律效力，因而地方单位的经营利润损失主张不能得到支持。但地方单位主张的装修及添置的设施设备而支出的费用，则属于信赖利益范畴，依法应受到法律的保护。如果地方单位在合同无效的情形下也存在过错，也应当在过错范围内自行承担相应的责任。

（二）军队单位收取的租金无须退还

合同无效的法律后果之一是一方当事人须将因合同取得的财产返还给对方当事人。依据合同无效的处理原则，房屋租赁合同无效之时，出租人应当返还已经收取的租金，而承租人应当返还租赁房屋的使用权，但由于该使用权已经行使且是无形财产，故只能采用折价补偿的方式，由承租人通过支付房屋使用费予以返还。至于房屋使用费的标准，《最高人民法院关于审理城镇房屋租赁合同纠纷案件具体应用法律若干问题的解释》规定，"当事人请求参照合同约定的租金标准支付房屋占有使用费的，人民法院一般应予以支持。"[10]即在承租人以合同无效为由要求出租人返还已收取租金的情况下，出租人可以请求承租人依合同约定的租金标准支付房屋使用费。如此一来，出租人须返还的已收租金与承租人应支付的使用费可以相互折抵，双方互不再负给付金钱义务。但这并非绝对，法院可根据承租人对房屋的实际使用状况确定是否参照约定租金的标准或如何参照该标准自由裁量承租人应支付的房屋使用费。当然，若承租人拖欠租金，在合同无效之时，出租人仍有权请求承租人补交拖欠租金期间的房屋使用费。

（三）代建的房屋退还后，除双方特别订有清算协议外，军队单位应按折旧后房屋净值或按双方合理的清理条款约定给予地方单位补偿

合同无效的另一个法律后果是不能返还或者没有必要返还的，应当折价补偿。涉军"以租代建"形式建成的房屋，地方单位已将劳务及建筑材料物化到该房屋。涉军"以租代建"土地租赁合同确认无效后，军队单位取得的财产在形式上是地方单位代建的房屋，实质是地方单位对在房屋建设中投入的劳务及建筑材料，因而无法适用恢复原状的返还原则，只能折价补偿。值得注意的是，如果双方在涉军"以租代建"土地租赁合同中明确约定了对合同终止后财产清算条款，则应依《中华人民共和国合同法》第四十七条及九十八条的规定认定为独立清算条款，其不依合同无效而丧失其清算效力，军地双方应当依该独立条款履行各自财产清算义务。若双方没有约定，则军队单位在地方单位返还代建的房屋后，应依据合同法第五十八条之规定按房屋折旧后的净值标准给予地方单位经济补偿。

（四）建立与完善政府主导下的军地合同纠纷多元化解与治理机制

军地合同纠纷关涉地方当事人、地方政府以及军队利益，形成了错综复杂的法律关系与利益关系，如果不及时化解，容易导致军民关系的紧张，破坏军民血浓于水的传统。尤其是地方当事人采取诉讼维权方式，更有可能加剧军民关系矛盾。因此，在法院因其司法特性无权主动化解军地合同纠纷时，政府应当建立一套依托各级党组织领导下多元纠纷化解与治理机制，建立有军队和当事人律师、专业团队和政府有关部门共同参与的各类调解委员会，开展快速有效的专项调解，在化解纠纷的方式上，探求出终止补偿、委托管理、移交国资委托管等多种方法组合，尽力避免当事人采取诉讼方式，以增加诉累和化解矛盾的成本。

总之，涉军"以租代建"土地租赁合同在军队停止有偿服务活动后涉诉案件中占有很大的比重，正确认定这类合同的无效性质及法律关系，对于衡平军队与地方多方利益，提升我国国家治理能力具有不可估量的现实

意义。

参考文献

[1]《最高人民法院关于审理涉及国有土地使用权合同纠纷案件适用法律问题的解释》，第二十七条。

[2]《国防法》，第三十七条和三十九条。

[3]《土地管理法》，第四条、第十二条、第五十六条。

[4]《土地管理法实施条例》，第六条。

[5]《城乡规划法》，第六十四条。

[6]《城乡规划法》，第六十五条。

[7]《最高人民法院关于审理城镇房屋租赁合同纠纷案件具体应用法律若干问题的解释》，第二条。

[8]《军队房地产开发管理暂行规定》，第十五条。

[9]《中华人民共和国合同法》，第五十八条。

[10]《最高人民法院关于审理城镇房屋租赁合同纠纷案件具体应用法律若干问题的解释》。

新时代背景下基层法院纠纷化解机制研究

——以"枫桥经验"发展推广为基石

◎王保兴

辽宁省新民市人民法院兴隆法庭，辽宁沈阳，110300

摘　要：党中央已提出了"法治枫桥经验"的要求与内容，其正在基层社会法治治理的推进中发挥独特的作用。走过早期契合、历史衰落与当代勃兴的一波三折的历程，"枫桥经验"在不断自我革新不断历史扬弃中形成了现阶段，通过基层党建、法治建设、社会组织、村规民约、多元化矛盾纠纷解决机制、"互联网＋"等创新社会治理，从源头上预防矛盾为主要内容的"新枫桥经验"。对基层人民法院司法改革体系建设与审判执行方式改革产生了广泛而深刻的影响。我国的基层人民法院司法制度自设立之初以方便诉讼、妥善化解矛盾为原则，极大地促进了基层社会法治的发展，解决了基层矛盾和纠纷。但是随着社会的发展原有熟人社会的关系网逐渐消解，这些都对人民法院开展工作的方式提出了新的要求。基层法院在新的历史时期还面临着肩负社会综合治理和法治建设的多层职能、后乡土化社会和工业化社会转型阶段广大公民法律信仰的欠缺和权利意识的觉醒等诸多压力。面对以上新的情况，"枫桥经验"推广为人民法院参与党组织领导下的多元社会治理提供了可行的路径：通过加强法治宣传，使群众法律素养提高；依靠人民调解制度的发展和司法确认制度相结合将矛盾化解在基层；加强巡回审判、就地解决群众法律需求；发展法治文化，提升基层社会公民的法治信仰；利用信息化手段通过"互联网＋基层自治""互联网＋矛盾化解"、智慧法庭、网上调解等一系列项目。全面走出两便原则下的混乱与迷离，明确并加强基层法治体系建设方向，在推行基层社会法治化中发挥应有的积极作用。

关键词： 法治枫桥经验　多元化社会治理　智慧法庭

"枫桥经验"历久弥新，具有旺盛生命力。[①] 经过 50 年的沧桑变迁，从人民民主专政到法治中国，"枫桥经验"基本反映并适应了始终"捆绑在土地上的中国"对维护社会稳定的需求，架设在城乡二元结构之间面对日益加剧的城镇化不断调适，发挥着化解矛盾维护社会稳定的重大作用。事实证明，在国家政策指导、人民群众需求变化以及社会矛盾客观变化与规律的综合效应中，"枫桥经验"不是一个僵化不变的理论体系，具有适应中国独特城乡社会的灵活、与时俱进的理论特征。从制定主体看，从 50 年前毛主席作为主要领导推动，到公安部、中央政法委主要推动，浙江省委政府坚持不懈地培育推广，"枫桥经验"获得了中央高层的普遍肯定，在公检法部门特别是基层组织中广为应用，支持主体的多样化，促进其在不同的历史时期根据政策变化的需要不断地得以推陈出新，不断变化。从适用领域看，"枫桥经验"经验也经历了重大场景转换。"枫桥经验"提出之初，适用于"四类分子"的阶级斗争上面，党的十一届三中全会后用来处理人民内部矛盾，成为了维护社会治安主要理论经验。从理论上看，"枫桥经验"是一种逐步深化的经验，从特殊的解决方案中"四种分子"转化为化解矛盾，减少和预防犯罪，创新社会管理。"枫桥桥"的"内涵"不断丰富和扩展。从对敌斗争经验，到保持社会稳定经验，再到促进社会和谐经验，其

---

① 参见孟建柱在"枫桥经验"50 周年大会上的讲话，"枫桥经验"50 周年大会召开，孟建柱出席并讲话［J］. 南海网新闻，2013 - 10 - 11。

内容不断深化拓新，① 在法治中国背景下得到最新的发展走上了法治化的伟大历程。

一、"枫桥经验"的理论内核和理论特征

（一）"枫桥经验"的理论内核：历史的扬与弃

有学者认为"枫桥经验"属于民间法，50 多年的发展展示了从诞生及逐步成长成熟的历程。浙江省委对枫桥人民进行了"打架打仗"的伟大讨论。随后，浙江省公安厅形成了"始终如一、坚持群众、坚持矛盾、解决问题、把四大群体转变为新人。获毛主席批示叫"矛盾不上交，就地解决"，要求"各地仿效，经过试点，推广去做"。② "枫桥经验"是从"四种分子"转化为治安综合治理的阶级斗争经验演变而来的。"预警在线、矛盾问题早消化"、教育第一、重点改造早。"早期控制、敏感期早预防、工作在先、矛盾处理早、矛盾与联合调整、问题结合、事事联结、安全联结"等的新提法新理念层出不穷。习近平总书记在浙江工作期间发展提出平安浙江做法，2013 年 10 月又对"枫桥经验"作出批示，抓住群众路线以及法治思维法治方式这两个理论核心，当初"矛盾不上交，就地解决"的提法就随之淡化了。

尽管"枫桥经验"的理论形态经过 50 多年的发展已可谓"人是物非"，但作为一种社会治理经验体系，其理论核心已经成熟和稳定的：一是矛盾不上交，就地解决，这是其最初的理论形态，是"枫桥经验"之所以成为中国经验的根本；二是矛盾预防、早解决；三是调处的工作方法；四是发动和依靠群众的路线方针。习近平总书记提出的平安建设以及法治建设对"枫桥经验"的改造可谓新的超越式、跨越式大发展，但还有待理论建构与发展，是其新的理论特征因素但尚未成为新的理论内核。尽管如此，法治的要求经习近平总书记提出以后，对"枫桥经验"的当代发展在理论和实践层面上势必将产生重大、深远与广泛的影响。

---

① 蓝蔚青. "枫桥经验"为什么能成为中国经验 [J]. 今日浙江, 2013（10）.
② 回首"枫桥经验"：重视调解，不乱抓人 [EB/OL]. 人民网, 2013 – 10 – 12.

(二)"枫桥经验"的理论特征：矛盾论的视角分析

从中国基层社会治理角度看，"枫桥经验"与马锡五巡回审判乃同时代产物，而且后者对早期人民法庭建设影响尤为深刻，但稍加分析，我国基层人民法院的法庭体系的许多构造已超出了巡回审判的范围，反而来自"枫桥经验"。"枫桥经验"对早期基层人民法院的法庭体系建设发挥了重大的影响。首先从基层人民法院法庭设置上看，根据每个乡镇法庭的行政区划来设置法庭，来源于"枫桥经验"就地解决纠纷的原则要求。为了就地解决纠纷，就必要就地设置派出纠纷处理机构，当地缺乏纠纷处理机构就无法开展并实现就地解决矛盾纠纷。其次从职能上看，基层法院法庭颇受"枫桥经验"综合治理论的影响。人民法庭作为基层人民法院派出机构直接在"枫桥经验"指导下参与社会矛盾的基层治理，其业务既包括审判又包括指导人民调解，既审理民事纠纷又承担刑事自诉案件的审理，既开展审判工作又应基层政府要求规范参与计划生育、征地拆迁等综治工作。与法院民事审判庭等其他机构相比，派出人民法庭的综治性质最明显也最强。最后从司法价值上看，早期派出人民法庭也被视为人民民主专政的"刀把子"，司法工具论特征明显，社会维稳思想根深蒂固，背对背和稀泥等违法调解以及暴力执法等不良做法得以发展起来。

(三)历史的衰落：两便原则下基层法院人民法庭体系改革对"枫桥经验"的背离

尽管如此，"枫桥经验"并没有被明确奉为基层法院人民法庭建设的圭臬，1991年颁行民事诉讼法后两便原则（方便法院审理，方便人民群众参与诉讼）被确定为基层法院人民法庭的工作原则。两便原则下的基层法院人民法庭体系改革很多与"枫桥经验"相背离，"枫桥经验"长期被边缘化。首先，从派出法庭设置上，人民法庭撤并抛弃了就地原则的僵硬要求。乡镇人民法庭体系中许多派出法庭案件少、配置差，难以开展正常工作，2002—2004年许多法院为优化资源都建设中心法庭，抛弃了一个乡镇设置一个人民法庭的建制思路，从此"枫桥经验"在人民法庭建设方面的影响走向了衰落。2008年以来，有些基层法院干脆全部撤销派出人民法庭，即便保留个别人民法庭，也全部在城区挂牌定点办公，就地解决矛盾原则跌至历史最低潮。进入 21 世纪后，有些已全面撤销人民法庭的基层法院根据工作需要恢复个人民派出法庭建设。两便原则对人民法庭体系改革风云一直发挥着指挥棒作用，早期"枫桥经验"影响的乡镇派出法庭体系被整得支离破碎，顶多保留人民法庭设立在乡镇的简单要求而已，而就挂城区办案的人民法庭而言，"枫桥经验"和乡镇法庭就已名存实亡了。其次，人民法庭与基层法院民事审判庭的分案形成了制度，在属地管辖内民事庭具有调配权，可指定异地由其他人民法庭立案审理。同时根据诉讼标的进行划分，达到一定数额的民事案件归院部民事审判庭办理。如此的诉讼构造突破了"小事不出村，大事不出镇"的做法，不少纠纷走出所在乡镇异地立案办理。矛盾不上交的原则要求也被抛弃。"枫桥经验"受到两便原则和诉讼制度的重创，在人民法庭建设中长期被边缘化。

二、当代的勃兴："枫桥经验"指导下基层法院人民法庭建设思想地位的确立

习近平总书记 2013 年对"枫桥经验"作出批示"枫桥经验"与法治实现紧密结合后，运用"枫桥经验"探索人民法院建设的潮流一时风行起来。"枫桥经验"甚至被确立高于两便原则的人民法院建设思想，不少法院重检"枫桥经验"的百宝箱，回到"枫桥经验"的故纸堆中寻找走出人民法院建设迷离混乱困境的救命稻草。针对进入社会矛盾凸显期维护维护稳定的迫切需要，推动创建"无诉村屯、社区"，将社会调解网络纵深到乡村，设置驻村法官工作室和"法治村长"，联合有关机构推动诉前调解，应努力解决冲突，实现"无讼村社"的目标，有力地维护了社会稳定。"枫桥经验"法治化命题，或者讲"枫桥经验"与法治的恩恩怨怨问题就炙手可热起来，引起司法实践和理论界的广为关注和热烈讨论。

三、以往基层法院建设发扬"枫桥经验"法治困境及其发展

在习近平总书记 2013 年批示之前，"枫桥经验"的法治问题已为实践

与理论关注但尚未取得推动其跨越发展的效果。习总书记2013年批示在明确把握了"枫桥经验"群众路线的历史特质的基础上提出了法治的要求，"枫桥经验"法治化因而成为必须解决的时代任务，即涉及哪些问题，怎样的法治化，怎样的方案，迫切需要加以解决。

（一）基层社会法治要求与传统"枫桥经验"理论的矛盾与发展

"枫桥经验"主要从效果方面倡导化解社会矛盾维护社会稳定，即便强调调解处理的工作方法，一直也较少涉及规制治理。从这个起源角度视之，乡土法治与"枫桥经验"是两个完全不同的概念。另外，"枫桥经验"与中国特色法治建设模式之间具有内生性、衍生性和共生性，①两者不仅不存在根本矛盾反而可以调式与融合的。"枫桥经验"反映了国家矛盾处理的基本策略与方针，是站在政法工作高度对化解社会矛盾的统领，乡土法治是国家发展到法治时代对化解矛盾治理社会作的新的发展，因此乡土法治相对"枫桥经验"是更高层次的后概念。在"枫桥经验"法治化命题当中，"枫桥经验"必然围绕法治要求在治理理念、治理方式上围绕规则之治对自身理论进行再革命、再扬弃，剔除其中不符合法治的东西，补充法治的因素，并促进法治融合入"枫桥经验"的理论体系当中。这主要涉及"枫桥经验"中矛盾处理方式、制度、机制等方面，当然法治对"枫桥经验"的渗透是全面而深刻的。因此，在深入推进依法治国当中，机械生硬地照搬已有的甚至历史上的"枫桥经验"形态不一定合理。应该实现"枫桥经验"法治化后，形成新的理论成果"法治枫桥经验"之后再推广，应用于人民法庭建设才能进行科学的指导，法治"枫桥经验"才能成为新时期探索人民法庭体系改革进路的指导思想。

（二）基层社会群众诉讼权利与"枫桥经验"的冲突及其发展融合

"枫桥经验"应用于诉讼，遭遇的最突出的问题是当事人诉讼维权问题。民事诉讼法以后来制度形式在诉讼领域层层突破"枫桥经验"的核心原则，在前"法治枫桥经验"时代形成了紧张甚至矛盾关系。首先，"枫桥

---

① 谌洪果. "枫桥经验"与中国特色的法治生成模式［J］. 法律科学，2009（1）.

经验"片面强调国家化解社会矛盾并贯彻维稳要求，忽略了对人民群众诉权和合法权益的维护。人民必须接受国家乡村治理组织及机构的调处，符合国家对社会稳定的大局安排，诉权即寻求到法院诉讼维权的权利即受到了侵害和阻拦，造成了大量立案难的问题。而且在调处结束后不准予申诉信访，人民群众的申诉信访权利也受到严重损害。其次，"枫桥经验"难以维护社会公平正义。大量调解采用了违法、暴力、威胁等行为，无视个别人尤其是弱势群体的合法权益，建立在权利不等价让渡基础之上，"枫桥经验"表面上维护了社会稳定但却因公正公平的缺失进一步加强加剧了社会矛盾，为社会动荡不安埋下更加不稳定的因素。最后，"枫桥经验"在社会矛盾凸显期越来越显示了它的局限性。在当今转型社会，经济结构调整和社会结构变化加剧了人民内部矛盾，利益格局成为基本表现形式。并具有多法性、多样性、复杂性、非对抗性的特点，① 这已远非 20 世纪 60 年代"枫桥经验"诞生之初简单的社会矛盾可比，要成功化解社会矛盾，"枫桥经验"在固守就地解决原则、矛盾不上交的领地上越来越显得捉襟见肘了，明显落后于民诉法规定而在诉讼维权上为人民群众所抛弃。尊重诉权以及诉讼法律制度，成为"枫桥经验"法治化的首要任务。

（三）诉讼救济机制与传统"枫桥经验"的矛盾冲突

过去的人民调解以及当今的联动调解，是"枫桥经验"长期赖以运行的救济机制。这个机制具有以下特点：第一，调解组织网络化，强调"纵到底横到边"，以严密的调解组织构建乡土治理的治理体系，排挤司法机构的有效进入。第二，就地解决矛盾，矛盾不上交。要求在矛盾发生地处理矛盾，不允许异地立案办理，更不允许越级办理，达到并严守"小事不出村，大事不出镇，矛盾不上交"的维稳效果，这显然不符合民事诉讼法的规定，严重落后于法治发展。民诉法对矛盾纠纷的管辖具有属地原则、属人原则以及合意选择管辖法院等多种规定，严格遵照就地原则显然不符合法院管辖的诉讼制度。从诉讼制度构造来讲，我国法院实行二审终审制度，

---

① 钱锋 . 新时期社会"矛盾论"与"稳定观"的思考［J］. 法律适用，2009（10）.

起码允许当事人将矛盾纠纷提交到地级市中级法院审理，在再审申诉信访等场合甚至矛盾可到省级甚至进中央，严格坚持矛盾不上交也有违诉讼构造，在实际效果上不利于矛盾处理反而会加剧深化矛盾。相对于民诉法的程序构造，矛盾不上交就体现了正当程序与程序公平的缺失。第三，维稳观念下往往带来违法处理甚至暴力处理，调处主体片面盲目追求社会矛盾的简单、粗线条化解效果，在工作方法上往往过于人治或行政命令化，缺乏法治、法治、法治的应有理念。第四，调解机制没有约束力，因此未能从根本性化解矛盾，陷入调了再调还是调的循环怪圈。由于排挤司法救济机制的介入，司法公信力也难以在乡土社会中生根落地，更不说逐步培育起来。第五，司法能动主义倡导提前介入诉讼，虽然具有及时化解矛盾的合理性，① 但却违背了不告不理的司法原则，与人民调解、行政调解等"抢饭碗、争地盘"，合法性成为难题。综言之，"枫桥经验"下的乡土诉讼机制具有浓厚的乡土气息，天然排挤国家法治体系的建立以及法治救济机制的介入，构造乡土法治体系与机制是推进乡土法治的另一个重要任务。

四、新"枫桥经验"视角下基层人民法院多元纠纷化解工作的发展与信息化建构

十九次全国社会治安综合改革会议召开。新时代"枫桥经验"已经超越了综合治理、调解和信访的内容，涵盖了基层社会治理的各个方面。它是以"专业化"为逻辑主线，从基层党的建设领导、基层协商民主、社会组织参与、农村人民参与、村规民约等。源于浙江省诸暨枫树桥镇的"枫桥经验"，从"四种分子"背景下的原始阶级斗争转变为一种新的社会转型经验。发展成为社会保障的综合治理经验，继而向村民自治、和平建设、社会矛盾的预防和解决、基层民主法治建设等方面进行了探索。经历了历史性的发展和飞跃。"枫桥经验"不仅是基层民主法治的经验，而且对人民法院的冲突解决具有重要的指导意义。"枫桥经验"对人民法院工作的启示

---

① 钱锋. 新时期社会"矛盾论"与"稳定观"的思考［J］. 法律适用，2009（10）.

是始终坚持为人民服务，创新群众工作方式，建立预防和化解多重矛盾纠纷的机制，努力解决。在基层问题上，解决源头矛盾，实现法律效果与社会效果的统一。

（一）加强法治宣传，使群众成为知法懂法的现代公民

当前我国法律体系基本健全，基层社会普及法律的基础已经成熟，如果不通过普及法律的方式让法律的"秧苗"占据农村社会的"土壤"，那么各种不健康的意识形态就会逐渐侵蚀已经失去封闭性环境的乡土社会，产生诸如"邪教"等控制人们思想的极端事件。因此，在农村普及法律不仅可以提高相关法律法规的知晓率，从而提高他们正确运用法律解决问题的能力，还可以使农民的思想不被歪风邪气所左右。

基层社会普法工作内容上要有针对性，农村社会成员主要以从事农业生产为主，少数成员开办乡镇企业、从事期货贸易，对农村社会成员普法的范围既要考虑大众可能接受的范围，又要考虑其从业的多层次性需求。教学按需，学习为实用目的。

基层普法的主体要遵循"枫桥经验""党政联动、依靠群众"的成功做法，既要依靠人民法院的主体作用，培育大量的农村法律后备人才，又要整合各行各业的力量，形成农村普通法的"网格"和"社会化"，法律成为群众口口相传的公共知识，让村民人人都有较高的法律意识，真正将"枫桥经验"依靠群众的方法落到实处。

（二）以党组织领导下为主导的多元纠纷化解体系和诉调对接实现矛盾化解的灵活性

司法本身无法主动深入社会生活中去化解矛盾，我国的法律除了规定诉讼这条解决纠纷的渠道外，还规定了调解、仲裁等不同形式的"多车道"。因此，人民法庭可以从"枫桥经验"中探索出依托党组织领导下的多元基层社会治理体系、探索司法确认程序和诉调对接的新路，推动综合治理工作格局的形成，发挥司法的定纷止争作用，让更多的社会矛盾化解在源头。指导律师、专业团体和基层社会组织和政府有关部门建立各类专业调解委员会，开展快速有效的专项调解，如交通队调停交通事故调解委员

会对道路交通事故责任纠纷的处理；在卫生部门组建医疗事故调解委员会，调处医患纠纷；在劳动部门组建劳资纠纷调解委员会，快速调处辖区企业相关劳资纠纷，建立相应的网络和人才库，促进发展。基层农村和社区人民调解委员会，可以通过与政府沟通从人员、经费、设施等方面予以支持，使其充分发挥民间纠纷解决机制的作用。基层人民法院应当进一步完善司法确认制度，加大司法确认设备、人员的投入水平，逐步实现司法确认程序的在线上运作，人民调解委员会和特别调解委员会可以进行司法审查和确认。保证纠纷的主体可以不离家解决矛盾，提供相同的执法保障。

（三）利用法院信息化建设的契机，打造智慧化法院，建设开放的和不断发展的智慧法庭

在互联网越来越普及的今天，有条件的人民法院可以开设自己的网站作为服务基层群众的平台，将法院的典型案例和自身建设情况发布到网站上，方便群众学习法律、了解诉讼流程，拓展法院网站的便民服务功能，如网上诉讼服务、案件查询等，方便当事人和社会公众。基层群众在生活环境方面天差地别，诉讼当事人在获取法律信息方面面临许多意想不到的困难：由于行动不便、交通不便、需照看儿童或无法从工作中抽身等原因，当事人可能无法亲自前往法庭参与诉讼或者调解活动。为此，人民法院应当创设出服务公众的新方案。

为进一步满足人民群众日益多元的司法需求，把最新最优科技成果运用到法院工作中去，创设全流程在线审理模式，一台电脑、一部手机与法官"隔空"对话，让当事人足不出户参与诉讼，有效地解决了异地诉讼难、异地诉讼累等问题。与同时、异地的跨地域在线审理模式相比，异步审理模式再次突破了时域的樊篱，巧妙地用"时间差"化解诉讼不便、败诉风险增加等问题，异步审理是指将涉网案件各审判环节发布在法院网上诉讼平台上，法官与原告、被告等诉讼参与人在规定期限内按照各自选择的时间登录平台以非同步方式完成诉讼的审理模式。异步审理模式的审理过程仍由法官主导，通过信息化、标准化手段，系统自动发送信息，确保当事人知情权和参与权，当事人完全在信息对称的情况下完成诉讼行为，保证

庭审质量，提升庭审效率。在最后陈述阶段当事人可以就案件事实和法律适用发表综合陈述意见，最新陈述置顶，倒序排列。异步审理模式所有的功能均支持在手机端进行操作，而且使用手机还可拍摄照片、小视频等直接上传到平台中，便于进一步查明相关案件事实。双方当事人也可以通过实名制认定的手机和在线庭审中的视频录像和电子签名系统对庭审记录和调解结果予以确认，如果达成在线调解的则可依据双方视频录像和电子签名确认的调解内容制作调解书，人民法院对以上审理内容应当制作电子卷宗和纸质档案予以封存，并赋予与现场庭审结果同样的法律效力。

　　"社会不是以法律为基础的。那是法学家们的幻想。相反地，法律应该以社会为基础。"① 在社会转型背景下，农村社会需要解决许多矛盾和纠纷。人民法院除了依靠法治的信仰、严格的法律程序来对案件事实与法律适用进行判断之外，还必须植根于社会现实，依靠人民自身的能力，充分结合其他职能部门化解基层社会纠纷的法律思维，最终可以解决大量纠纷。在基层社会的信仰中，所谓"律法不过是人的感觉"，就此而言，法意与人情，应当两不相碍。"② 它们正从一个国家的生活深处流出，逐渐从涓涓细流流向湍急的河流，这一过程是完全自然的。在这方面，法律的含义和人的感情应该是相合的。另外，法治观念还没有完全融入传统的人的观念中，或者完全战胜了人们的传统文化观念。因此，人民法院应在"理性"的帮助下，使法律更加柔和地进入农村。这样，村民的接受和认同就会得到更多的提高，法律也会不知不觉地进入公民的思想和行为。人民法院应该秉承一种多元的法律秩序观，综合利用现有的各种资源，"枫桥经验"为我们提供了在法治思维下人民法庭化解基层社会矛盾的样本，着力推广"枫桥经验"，建立公正、高效、权威的多元解决人民纠纷机制，是中国基层司法改革的理想愿景。

---

① 马克思恩格斯全集，第6卷.
② 梁治平. 法意与人情［M］. 北京：中国法制出版社，2009.

参考文献

［1］孟建柱在"枫桥经验"50周年大会上的讲话．"枫桥经验"50周年大会召开，孟建柱出席并讲话［OL］．南海网新闻，2013 – 10 – 11．

［2］蓝蔚青．"枫桥经验"为什么能成为中国经验［J］．今日浙江，2013（10）．

［3］回首"枫桥经验"：重视调解，不乱抓人［OL］．人民网，2013 – 10 – 12。

［4］谌洪果．"枫桥经验"与中国特色的法治生成模式［J］．法律科学，2009（1）．

［5］钱锋．新时期社会"矛盾论"与"稳定观"的思考［J］．法律适用，2009（10）．

［6］马克思恩格斯全集．第6卷．

［7］梁治平．法意与人情［M］．北京：中国法制出版社，2009．

财政社会保障支出规模对城乡居民收入再分配影响分析*

◎陈　林

海南医学院 管理学院，海南海口，571101；首都经济贸易大学 劳动经济学院，北京，100071

摘　要：社会保障支出既是公共财政的一项基本职能，也是实现国民收入再分配的重要手段之一。财政社会保障支出规模和形式受限于社会保障项目。从我国财政社会保障支出规模、结构入手，从不同视角分析了财政社会保障支出的收入再分配效应。通过加大农村社会保障支出、整合城乡社会保障制度、提高社会保障层次等，对进一步缩小城乡居民收入差距，实现财政社会保障支出更加公平有效的收入再分配功能具有重要意义。

关键词：社会保障　财政社会保障支出　收入再分配

依据联合国修订的《国民经济核算体系2008》，可将收入分配划分为收入初次分配、收入再分配和实物收入再分配。收入再分配（redistribution of income）是指收入经过经常转移的方式在机构单位之间进行分配，这种经常性转移通常包括所得税、财产税等税收，社会缴款，社会福利和其他经常性转移。经常性转移是单向的、无偿的，同时也是不可逆的。社会保障制度作为收入再分配的重要工具，在保障弱势群体的基本权利、维护社会的公平正义方面发挥着积极的作用，同时对经济社会发展也起到了促进作用。

一、社会保障制度模式与财政支出

现代社会保障制度主要有社会保险型（市场型）、福利型、国家型、储蓄型四种，也有学者将非洲等贫困国家和地区列为救济型社会保险制度。但最为典型的应该是发源于德国俾斯麦时期的缴费、待遇与收入关联的社会保险模式；另一个是贝弗里奇为英国设计的涵盖"从摇篮到坟墓"所有保障项目的福利国家模式，即税收与待遇均采用固定费率（Flat-rate）或近似固定费率的通用架构（Universal Structure）（GÖrükle，2010）。

社会保障制度作为国家经济社会发展的"稳定器"。财政社会保障支出取决于社会保障制度的保障范围、保障层次、保障水平等，因此，不同的社会保障制度，财政社会保障支出是有所区别的。德国公共财政在社会保障方面的转移主要是基本社会保障待遇支付和其他公共福利计划（如儿童福利）；巴西政府采用现收现付制（PAYG）的社会保障模式确实减少了老年人的不平等现象（Rodrigo，2013）；美国对社会保障补贴主要集中在一些社会福利上，如残疾人福利、妇女儿童福利等。

在我国现行公共财政体系中，政府对社会保障的支出主要通过"社会保障和就业"科目来反映财政补贴情况。具体来说，新中国成立后，政府财政用于社会保障方面的支出经历了四个重要的"科目"调整阶段。从1952年开始，我国反映社会保障支出的是"抚恤支出、社会救济福利费、救灾支出"三个科目；1978年新增"离退休费"科目；1985年新增"其他"科目。从2007年起，政府收支科目发生调整，反映社会保障支出的科目也随之进行重新设置和调整，支出口径完全发生变化，共设有6个科目，具体是"财政对社会保险基金的补助、行政事业单位离退休、就业补助、城市居民最低生活保障、自然灾害生活救助、农村最低生活保障"。随着社会保障体系的不断完善，各级财政在社会保障领域内补贴的绝对数也越来越大，占当年财政支出的比例也越来越高。1952年，政府在社会保障方面的支出为2.95亿元，占当年GDP的0.43%；2016年政府在社会保障方面的支出为 21591.45 亿元，占当年 GDP 的 2.77%。

二、财政社会保障支出的理论与实践

选择不同理论思想作为指导，建立起来的社会保障制度对财政社会保障支出也有着不同诉求。无论是在社会保障发展初期，还是在现代社会保障建立时期，都存在着财政社会保障支出。财政社会保障支出一般会根据社会保障制度覆盖的保障项目及保障层次要求财政承担相应的责任和义务。

（一）不同学派的理论主张

以乔治·萧伯纳、悉尼·韦伯为代表的"费边社会主义"学派认为：社会中存在收入差距悬殊，政府有责任也有义务采取各种手段改善国民福利，包括摆脱贫困、保障人们的基本生活。德国历史学派先驱李斯特认为政府应该承担公民个人福利的职责。民主社会主义主张福利国家应该通过推行高额累进税收建立社会福利，以实现国民收入和财富的再分配，包括消灭贫困。新自由主义认为对政府而言，在社会保障方面的责任应当是提供最基本的福利。福利经济学鼻祖庇古（1920）主张国家通过征收累进税和遗产税，获得的资金用于举办社会保障事业，从而实现从富人征税转移给穷人补贴，这些补贴用来发放养老金、医疗保险、失业津贴等。凯恩斯（1936）在《就业、利息和货币通论》一书中主张国家在消除贫民窟等问题上负有责任。贝弗里奇（1942）在《社会保险及相关服务》中指出发展社会保障事业是政府的责任和义务。吉登斯（1994）在《超越左与右：激进政治的未来》中指出国家在社会保障方面应采取"积极福利"的态度，倡导政府参与下的福利经济多样化，如提高受福利者进入市场的能力，帮助他们适应就业。

众多学派和学者承认了国家在社会保障制度建设中的责任和义务，不同之处在于政府对社会保障责任的大与小、提供社会保障项目的多与寡以及提供的方式等。因此，政府财政的一项重要职能就是建立社会保障制度，通过财富的再分配，进而达到缩小收入差距的作用。

（二）理论指导下的制度实践

1601 年英国《济贫法》诞生了世界上第一个"社会救助"制度，该法案建立以税收作为财政、覆盖全国及其救济的综合化的基础上（丁建定，2013），要求政府对没有工作能力的人提供帮助，并保证他们的基本生活。政府通过对富人征税，实现对贫困者的救济。这种将财富从富人转移到穷人手里的方式，便是典型的收入再分配的形式。1883 年，德国政府颁布的《企业工人疾病社会保险法》被认为是现代社会保险制度的开端。该法案首次明确了社会保险采用雇主和雇员共同缴费，国家实行补贴的方法建立起全新的供款制度。政府财政社会保障支出范围、责任得到了明确，是现代财政社会保障支出的一次重大创新。在此后陆续建立社会保障制度的国家或地区，都存在着财政社会保障支出的重要内容。因此，财政社会保障支出成为社会保障制度建设中的重要内容，也是收入再分配的重要政策手段。

（三）财政社会保障支出的收入再分配效应的分析方法

在研究收入分配中，通过考察收入所有者的规模与其所得收入规模之间的关系来研究个体间或人际间收入差距的大小。在实际的经济分析中通常用基尼系数（Rao，1969；Pyatt 等，1980；Podder，1993）、变异系数、泰尔指数、均等指数以及阿特金森指数等来测定个体间的收入差距。国内学者柯卉兵（2009）运用基尼系数、变异系数和泰尔指数对我国财政社会保障支出的效应进行了分析；王筱欣和鲍捷（2013）利用变异系数（离散系数）考察了社会保障转移支付对城乡居民收入分配的效应；徐倩和李放（2012）采用广义矩估计分析了财政社会保障支出对城乡居民收入差距的影响。

长期以来的城乡二元结构使得我国社会保障项目"多而散"，因此，本文通过实用基尼系数法等方法探讨财政社会保障支出的收入再分配效应。

三、我国财政社会保障支出的情况分析

从 1952 年开始，我国政府通过财政科目的方式来反映政府在社会保障方面的支出。从最开始的三个科目支出 2.95 亿元，到 1978 年调整为 4 个科

目总支出 18.91 亿元，1985 年调整为 5 个科目总支出 31.15 亿元，2007 年重新调整和设置 6 个新科目，总支出为 5447.16 亿元；2016 年政府在社会保障方面的支出达到 21591.45 亿元，占当年 GDP 的 2.77%，近年来支出比例呈持续上涨趋势。如图 1 所示。

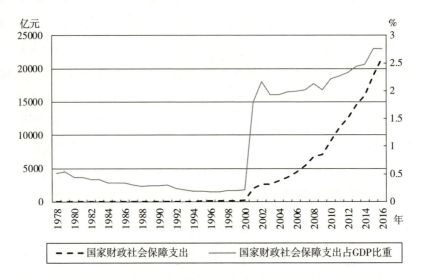

数据来源：作者根据历年《中国财政年鉴》《中国统计年鉴》整理。

图 1　1978—2016 年国家财政社会保障支出及其在 GDP 中的比重

（一）2007 年以来财政社会保障支出情况分析

由于全国财政社会保障支出科目统计口径、科目变动较大，无法进行系统的比对，而 2007 年以后，统计口径和科目基本不变，因而仅选取 2007年以来的数据进行分析。如表 1 所示。

表 1　　　　　　　　2007—2016 年全国财政社会保障支出情况　　　　单位：亿元

年份	财政总支出	财政社会保障支出						
		合计	财政对社会保险基金的补助	行政事业单位离退休	就业补助	城市居民最低生活保障	自然灾害救助	农村最低生活保障
2007	49781.35	5447.16	1275.00	1566.90	370.90	296.04	91.57	109.10
2008	62592.66	6804.29	1630.88	1812.49	414.55	411.7	356.92	228.70
2009	76299.93	7060.68	1776.73	2092.95	511.31	517.85	122.82	263.00

年份	财政总支出	财政社会保障支出						
		合计	财政对社会保险基金的补助	行政事业单位离退休	就业补助	城市居民最低生活保障	自然灾害救助	农村最低生活保障
2010	89874.79	9130.62	2309.80	2353.55	624.94	539.53	333.73	446.59
2011	109247.80	11109.40	3152.19	2737.75	670.39	675.06	231.65	665.48
2012	125952.97	12585.52	3828.29	2848.84	736.53	666.36	272.02	698.71
2013	140212.10	14490.54	4403.14	3208.43	822.56	763.38	240.91	861.04
2014	151785.56	15968.65	5043	3668	871	737	210	869
2015	175877.77	19018.69	6596	4361	871	754	196	911
2016	187755.21	21591.45	7634	5235	785	716	273	941

注：财政社会保障支出合计数与各分科目不一致，主要存在着其他社会保障支出项目未能统计在内。

数据来源：《中国财政年鉴2017》。

通过对表1数据处理，财政社会保障支出最多的是"对社保基金的补助"和"行政事业单位离退休"两个科目。其中，2007—2016年"财政对社会保险基金的补助""行政事业单位离退休"分别占当年财政社会保障总支出的28.86%、25.04%；随机变动最大的是"自然灾害救助"，占比极差约为3.16倍，主要是2008年发生"汶川大地震"导致当年该科目支出大幅度增加，占比达5.25%；"就业补助"平均占比约为6.36%，"城市居民最低生活保障"平均占比约为5.91%，波动较小；"农村最低生活保障"占比平均为4.49%，虽然2007年占比为2.00%，主要是该项制度处于试点阶段，制度没有全面铺开，政策效应未能全面释放，如果剔除这一因素，从2010年起计算，该科目占比也达到5.59%。由此可见，财政社会保障支出绝大多数进入了社会保险项目。

（二）财政社会保障支出项目情况分析

"财政对社会保险基金的补助"是2007年新设置的科目，主要用于补足城镇职工养老保险、城乡居民养老保险、城镇职工医疗保险等基金的补助，补助的基金既可以用于当期支出，也可用于基金积累。"行政事业单位离退休"从1952年起每年均有支出，只是在1977年以前，费用包括在抚恤支出中，没有单成科目；从 1978 年起单列科目开始列支，列支主要内容包括行政事业单位离退休人员各项养老金、医疗费用补助及各项福利等。"就业补助"是 2007 年新设科目，主要包括合规项下的支持就业有关的培训、中介、就业人员社会保障支出等内容。"自然灾害支出"是 2007 年新增科目，但从 1952 年开始有"救灾支出"科目，"自然灾害支出"科目支出范围更加具体，对象也更加明确。

"城市最低生活保障""农村居民最低生活保障"为 2007 年新设科目，主要用于城市、农村的弱势群体的最低生活保障费。由于我国二元结构的社会保障体制，造成"城市居民最低生活保障""农村最低生活保障"在保障待遇上存在着差异。2007—2016 年城镇居民最低生活保障人均支出是农村最低生活保障人均支出的 2.85 倍，2016 年这一比例为 2.36 倍（见表 2）。

表 2 财政城乡居民最低生活保障支出情况

年份	财政城镇居民最低生活保障支出			财政农村最低生活保障支出		
	总额 （亿元）	保障人数 （万人）	人均支出 （元）	总额 （亿元）	保障人数 （万人）	人均支出 （元）
2007	296.04	2272.1	1302.94	109.1	3566.3	305.92
2008	411.7	2334.8	1763.32	228.7	4305.5	531.18
2009	517.85	2345.6	2207.75	263	4760.0	552.52
2010	539.53	2310.5	2335.12	446.59	5214.0	856.52
2011	675.06	2276.8	2964.95	665.48	5305.7	1254.27
2012	666.36	2143.5	3108.75	698.71	5344.5	1307.34
2013	763.38	2064.2	3698.20	861.04	5388.0	1598.06
2014	737	1877	3926.48	869	5207.2	1668.84
2015	754	1701	4432.69	911	4903.6	1857.82
2016	716	1480.2	4837.18	941	4586.5	2051.67

数据来源：历年《中国财政年鉴》《民政事业发展统计公报》《社会服务发展统计公报》。

四、我国财政社会保障支出的收入再分配效应分析

（一）财政社会保障支出的基尼系数

根据洛伦茨曲线思想和基尼系数计算原理，为了把握各地财政社会保

障支出的差异，利用 2008—2017 年《中国统计年鉴》《中国财政年鉴》相关数据，运用赵永辉（2008）和柯卉兵（2009）有关人均基尼系数的思路，采用基尼系数的实用计算公式（叶平和张传萍，2007）：

$$G = 1 - \sum_{i=1}^{n} P_i(2Q - W_i)$$

其中，G 表示基尼系数，P_i 表示每省人口占总人口的比重，W_i 表示各省社会保障和就业支出占总社会保障和就业支出的比重，Q_i 表示各省社会保障和就业支出占总社会保障和就业支出的累计百分比。

通过数据筛选，建立数据列表，计算出了 2007—2016 年各地财政社会保障支出的人均基尼系数、人均 GDP 基尼系数，如表 3 所示。

表 3 2007—2016 年各地财政社会保障支出人均基尼系数、人均 GDP 基尼系数

年份	财政社会保障支出人均基尼系数	人均 GDP 基尼系数
2007	0.2368	0.2611
2008	0.2407	0.2462
2009	0.2335	0.2407
2010	0.2184	0.2267
2011	0.2107	0.2153
2012	0.2068	0.2077
2013	0.1954	0.2040
2014	0.1957	0.2049
2015	0.1838	0.2063
2016	0.2032	0.2097

注：为了保证数据的统一，财政社会保障支出选取各省社会保障和就业支出预算数。

数据来源：根据历年《中国统计年鉴》整理。

基尼系数用于反映收入差距的指标，系数越大表明收入差距越不平均。由表 3 可知，自 2007 年以来，财政社会保障支出人均基尼系数不断下降，到 2015 年下降至 0.1838，表明各地区财政社会保障支出差异性较小；虽然 2016 年出现小幅上升，略高于 2015 年，但仍处于国际公认的低等级范围（0.29 以下）。这也反映出财政社会保障支出的公平性更有利于缩小城乡居民收入差距。

　　财政社会保障支出人均基尼系数略低于人均 GDP 基尼系数，表明财政社会保障支出人均基尼系数地区差异比人均 GDP 基尼系数更小。2007—2016 年财政社会保障支出地区差异性较小，这与学者林治芳（2002）和柯卉兵（2009）的研究结论相悖，这与早期到我国社会保障制度不断健全、制度没能发挥较好的公平性有关。而在 2007 年开始试点城镇居民基本医疗保险、2009 年开始试点新型农村养老保险制度、2010 年开始试点城镇居民基本养老保险制度、2012 年试点城乡居民大病医疗保险等社会保障制度，这些制度的建立极大地缩小了各地区城乡居民社会保障制度差异。而作为收入再分配的重要手段，社会保障支出在缩小收入差距方面发挥了较好的作用。

　　由于我国社会保障制度实行属地化管理，因此，各省的财政社会保障支出的收入再分配功能还未能实现。省际之间的财政社会保障支出收入再分配只能通过中央财政转移支付实现。如能实现社会保障全国统筹，财政社会保障支出的收入再分配将会实现惠及全体国民，财政社会保障支出人均基尼系数将处于更安全的范围。

（二）财政社会保障支出与城乡居民人均可支配收入比

　　城乡居民收入差距也是衡量收入分配的一个重要指标，将城乡居民收入比设定为 1.5~2 倍的范围是合理的区间（杨圣明，2005）。2007—2016 年，我国城乡居民收入比从 3.33:1 缩小至 2.72:1，呈下降趋势，如表 4 所示。

表 4　　　　　　　　2007—2016 年我国城乡居民人均可支配收入比

年份	城镇居民人均可支配收入（元）	农村居民人均可支配收入（元）	收入比	年度	城镇居民人均可支配收入（元）	农村居民人均可支配收入（元）	收入比
2007	13786	4140	3.33:1	2012	24565	7917	3.10:1
2008	15781	4761	3.31:1	2013	26955	8896	3.03:1
2009	17175	5153	3.33:1	2014	28844	10489	2.75:1
2010	19109	5919	3.23:1	2015	31195	11422	2.73:1
2011	19118	6977	2.74:1	2016	33616	12363	2.72:1

　　注：2007—2013 年农村居民人均可支配收入为人均纯收入。

　　数据来源：《2007—2016 年国民经济和社会发展统计公报》。

由表4可知，2007—2016年我国城乡居民人均可支配收入比长期处于"风险"区间（2.5倍），但这种逐步缩小的趋势在延续，也表明我国城乡居民收入比正在向着"合理"区靠近。缩小城乡居民收入差距的方法有很多，财政社会保障支出也被认为是其中的因素之一。即便付彩云（2014）等学者通过实证研究，认为财政社会保障支出扩大了城乡居民收入差距（胡宝娣、刘伟和刘新，2011；朱璐璐和寇恩惠，2010），而出现这一结果的主要原因是社会保障制度不健全、社会保障支出的城镇偏好等。但是，徐倩和李放（2012）研究证明在2007年以后，由于统计口径、农村社会保障制度日趋完善等情况，财政社会保障支出对城乡居民收入扩大的影响并不显著；谢勇才和杨斌（2015）的文献回顾说明了社会保障支出能有效地缩小居民收入差距，正在逐渐改变向中高收入者的集中趋势。因此，大量研究表明我国财政社会保障支出的收入再分配效应是存在的，只是分配的集中偏离度问题，扩大了城乡居民收入差距，说明集中偏向中高收入群体；缩小了收入差距，说明更有利于低收入群体，社会保障支出公平性更好。从2007—2016年逐渐缩小的城乡居民收入比可以看出，财政社会保障支出发挥了重要的积极作用。随着我国社会保障制度不断健全、财政投入持续增加，财政社会保障支出的收入再分配功能在缩小城乡居民收入差距方面将向着更加公平的道路前行。

（三）财政社会保障支出与不同人群待遇标准

通过对2016年财政社会保障支出部分项目分解，考虑到数据的可获得性，将项目分解为10个小项。虽然不能完全诠释不同享受人群财政社会保障补贴，但也能说明一些问题，如表5所示。

表5 2016年财政社会保障支出部分项目分解及人均享受补贴标准

支出项目	财政补贴金额（亿元）	享受人数（万人）	人均享受补贴（元）	支出项目	财政补贴金额（亿元）	享受人数（万人）	人均享受补贴（元）
企业职工基本养老保险	4290.87	10103	4247.12	失业保险	0.18	230.4	7.72
城乡居民基本养老保险	2092.09	15270	1370.07	生育保险	6.34	914	69.35

续表

支出项目	财政补贴金额（亿元）	享受人数（万人）	人均享受补贴（元）	支出项目	财政补贴金额（亿元）	享受人数（万人）	人均享受补贴（元）
城镇职工基本医疗保险	75.06	7811.6	96.08	新型农村合作医疗	—	—	420
城镇居民基本医疗保险	—	—	420	城市居民最低生活保障	716	1479.9	4838.16
工伤保险	12.53	104	1204.47	农村居民最低生活保障	941	4576.5	2056.16

注：新型农村合作医疗、城镇居民基本医疗保险人均享受补贴为财政补贴标准。

数据来源：《2016 年全国社会保险基金收支决算情况总表》《2016 年人力资源和社会保障事业发展统计公报》。

　　财政社会保障支出体现在企业职工基本养老保险离退休费上，其受益群体是企业离退休人员，人均年获得财政补贴 4247.12 元。离退休人员构成不同，其从财政获得社会保障支出是存在差异的。如机关单位离退体人员养老金全部来自财政支出（王晓军和康博威，2009），2016 年财政补贴行政机关事业单位离退休人员 5234.64 亿元，远高于企业职工基本养老保险 4290.87 亿元；企业退休人员养老金主要由统筹账户资金（城镇从业人员雇主缴费、灵活就业人员上缴统筹基金部分的缴费）、个人账户余额等，而财政社会保障支出对企业职工基本养老保险的补助体现在对"空账运行"的个人账户和统筹账户的划转，视作缴费年限越长，其个人账户补贴越多。因此，机关事业单位离退休人员退休前一个月收入决定了其退休金多少，退休前收入高，其退休后收入就高，即财政社会保障支出这部分人群就多；而企业离退休人员取决于社平工资、人个缴费（视同缴费）年限、缴费基数等。

　　财政社会保障支出城乡居民社会养老保险体现在对符合领取普惠型养老金的城乡居民，待遇水平适用全国统一标准，但最终待遇又与各地区统筹层次、经济发展水平等因素关联。2016 年，全国 15270 万人享受城乡居民养老补贴，补贴分为两部分，一部分是处于缴费年龄段的已缴费人群个人账户补贴。财政对缴费人群养老金个人账户补贴，因缴费档次不同，最低补贴 30 元/人/年，最高补贴水平因地区存在差距。另一部分是由政府发放的基础养老金，人均财政补贴1370.07元。已有的研究文献表明，新型农村养老保险已成为农村居民收入再分配的一种调节机制（黄丽和罗锋，2014；贾洪波，2014）。

财政社会保障支出新农合、居民医保（含城乡居民医保）主要表现为中央和地方财政补贴，中央财政对不同省份的补贴有差异，区分经济发达与欠发达地区；地方财政按各地经济发展水平和财政可持续要求进行补贴，区域之间存在较大差异。各级财政补贴和个人缴费分别进入两项制度建立的基金池，本项目支出受益人群是参加两项制度的参保人。2016年，财政在此项目的支出按人均420元进行补贴，随着城乡医疗保险制度的整合，参保人群在筹资水平逐渐"统一"，待遇差别也将消失。

而生育保险、失业保险等项目由于财政补贴较少，受众人群不多，城乡居民感受不强烈。财政社会保障支出城乡最低生活保障，受益人群为特定群体，其收入全部来自财政补贴。虽然城市居民最低生活保障标准高于农村，但是农村最低生活保障支出确实缩小了城乡居民收入差距（杨翠迎和冯广刚，2014）。因此，城乡最低生活保障制度作为财政支出的直接项目之一，其收入再分配作用是存在的。

五、结论与建议

作为公共财政支出的最直接项目之一，我国财政社会保障支出的收入再分配效应是存在的。由于我国社会保障制度不健全，在相当一段时间内，财政社会保障支出的城市偏好，逐渐拉大了城乡居民的收入差距主。但是，2007年以后，针对农村的社会保障制度不断完善，财政社会保障支出向农村延伸，农村社会保障受益群体扩大，且城乡人均财政社会保障支出的基尼系数不断下降，城乡居民收入差距正在缩小，但还不明显。因此，为了更好地发挥财政社会保障支出的收入再分配效应该，有以下几点建议：

一是加大财政社会保障农村支出力度。农村居民众多，且地区间经济发展极不平衡，2016年农村享受最低生活保障人口是城市这一群体的3倍，加之长期以来，保障待遇的低下，使得农村贫困人口现象依旧突出。提高财政社会保障农村项目支出水平，实施"精准扶贫"战略，使更多农村居民享受经济社会发展成果，财政社会保障农村支出让城乡居民收入分配更加公平、有效。

二是整合城乡社会保障制度。长期的"二元"社会保障制度格局，使财政社会保障支出存在着明显的城乡区别，同一项制度，农村与城市标准待遇不一致。如城镇居民与农村最低生活保障标准、灾害救助标准、基础养老金，城镇居民医保与新农合等制度存在着待遇差距，制度公平性受到质疑。财政社会保障支出作为一种收入再分配机制，制度整合可以有效地解决城乡之间和制度之间的公平性问题（李亚青，2013），因此，要整合城乡社会保障制度，缩小城乡居民社会保障待遇差距，不断提高财政社会保障支出收入再分配的公平性。

三是提高社会保障统筹层次。我国现行社会保障项目，大多停留在地市级统筹层次，也有县（市）级统筹和省级统筹层次的项目。低层次的社会保障项目统筹，阻碍了社会保障基金的流动，互助互济功能未能全面发挥。如同一省市的同一保障项目，因区域不同而出现待遇差别，财政社会保障支出向经济发展好的地区倾斜（林治芳，2002），经济发展越好、社会保障待遇越好，财政社会保障支出也就越多，这种集中偏好与社会保障制度设计的公平性理念相悖，不利于社会保障的可持续发展。因此，提高社会保障统筹层次，不断发挥财政社会保障支出的收入再分配功能，有利于城乡居民社会保障收入公平。

财政社会保障支出是政府职责的体现，也是实现城乡居民收入再分配的重要举措，但是我国现阶段财政社会保障支出由于体制机制原因还存在诸多问题，因此，要通过社会保障改革与创新，不断提高社会保障的公平性，实现财政社会保障支出收入再分配的公平、有效。

参考文献

[1] 王延中，龙玉其. 社会保障与收入分配：问题、经验与机制 [J]. 学术研究，2013 (4)：31 – 37.

［2］丁建定．试论英国济贫法制度的功能［J］．学海，2013（1）：73－79．

［3］黄泰岩，等．初次分配理论与经验的国际研究［M］．北京：经济科学出版社，2011：17－20．

［4］赵永辉．广西地市人均 GDP 基尼系数分析［J］．广西财经学院学报，2008（6）：23－26．

［5］林治芬．中国社会保障的地区差异及其转移支付［J］．财经研究，2002（5）：37－43．

［6］柯卉兵．中国社会保障财政支出的地区差异问题分析［J］．公共管理学报，2009（1）：13－55．

［7］叶平，张传萍．基础教育生均预算内公用经费基尼系数的再考查——兼与杨颖秀教授商榷［J］．教育研究，2007（2）：48－55．

［8］杨圣明．论收入分配中的两极分化问题［J］．贵州财经学院学报，2005（6）：12－18．

［9］付彩云．社会保障缩小城镇居民收入差距了吗——以江苏省为例［J］．社会保障研究，2014（1）：94－99．

［10］胡宝娣，刘伟，刘新．社会保障支出对城乡居民收入差距影响的实证分析——来自中国的经验证据（1978—2008）［J］．江西财经大学学报，2011（2）：49－54．

［11］朱璐璐，寇恩惠．我国社会保障支出与城镇居民收入差距——以江苏省为例［J］．上海财经大学学报，2010（3）：91－97．

［12］黄文正，何亦名，李宏．社会保障城乡收入差距调节效应的实证研究［J］．经济体制改革，2014（6）：19－22．

［13］王晓军，康博威．我国社会养老保险制度的收入再分配效应分析［J］．统计研究，2009（11）：75－81．

［14］贾洪波．新农保制度收入再分配效应的一般均衡研究［J］．南开经济研究，2014（1）：87－100．

［15］杨翠迎，冯广刚．最低生活保障支出对缩小居民收入差距效果的

实证研究 [J]. 人口学刊, 2014 (3): 33 – 40.

[16] 李亚青. 医疗保险制度整合是否有利于弱势群体——基于双重差分模型的实证分析 [J]. 财政科学, 2013 (2): 81 – 90.

[17] 李文军. 区域财政社会保障支出差距与优化研究 [J]. 华东经济管理, 2018, 32 (2): 75 – 82.

[18] 朱德云, 董迎迎. 财政社会保障支出对城乡居民收入差距的影响研究 [J]. 宏观经济研究, 2017 (1): 74 – 81.

[19] Rodrigo Leandro de Moura, Jaime de Jesus Filho. etc, Social security effects on income. distribution: a counter factual analysis for Brazil, Applied Economics Letters, 2013, 20, 631 – 637.

[20] Rabihan Yüksel Arabaci, Redistribution of Income In Turkish Social Security System, Journal of Academic Studies, 2010, 45, 165 – 179.

宜昌市医保支付实施"病种点数法"结算的探索[*]

宜昌市医保支付实施"病种点数法"结算的探索[*]

◎何克春[1] 袁红梅[2] 廖晓诚[3] 杨 燕[2] 袁维福[4]
魏清明[2]

1. 三峡大学人民医院、三峡大学卫生经济研究所，湖北宜昌，443000；
2. 宜昌市第一人民医院，湖北宜昌，443000；3. 湖北经济学院，湖北武汉，430000；4. 宜昌市卫生和计划生育委员会，湖北宜昌，443000

摘　要：医保支付方式直接影响这医疗保险基金的支出、医疗机构的服务提供和参保人员的利益。宜昌市医保局秉持系统思维和创新理念，积极探索医保付费方式改革，在湖北省首推医保"病种点数法"结算方法，并不断建立健全和完善一系列配套机制。针对目前实施过程中的不足，提出应从医院、医保局、医务人员三方面改进的建议。

关键词：医保支付方式　病种点数法　医院管理

随着我国医保全民覆盖基本实现，国家医疗保障局的建立，医保在医疗服务领域的影响力进一步得到增强。医保作为医疗费用第三方支付者，

———————

　　* 基金项目：湖北省卫计委指定性项目（WJ2017D0011），湖北省教育厅人文社科重点课题（17D022）。

对医疗服务的战略性购买是其重要职能体现。医保实现战略购买职能的重要手段就在于支付方式的改革与选择，医保支付方式改革已成为我国医保制度建设的重点及热点。宜昌市从 2017 年 12 月开始探索实施医保住院费用"病种点数法"支付方式改革，相关工作逐步开展，改革效果逐渐显现，本文基于"病种点数法"相关理论，总结宜昌市"病种点数法"改革重要举措，评述当前改革效果，指出宜昌市"点数法"改革存在的优点及不足，为我国医保支付方式改革提供借鉴。

一、"病种点数法"相关理论

（一）"病种点数法"的起源

"病种点数法"最早发端于德国，经过不断发展，逐步成熟。1977 年，德国在《医疗保险费用控制法案》中以医疗服务项目为单位，规定了相对价值点数，制定了统一价值目录，在全国各州开始实施，德国点数法初步形成。德国点数法建立初期，采用"浮动点值"，由预算总额除以点数总量来计算点数价值，医师为获得更多收入，产生服务量恶性竞争，导致点数价值不断下降，针对这一问题，德国 1998 年进行改革，对每个医师实施"医保支付预算"，限定医师季度内最大服务点数数量，从"浮动点值"转变为"固定点值"。同时建立医保基金预算管理体系，德国点数法逐步成熟。形成政府主导下的市场竞争新范式[1]。

（二）"病种点数法"具有制约过度医疗，"内部人"控制的战略性购买优势

医保"病种点数法"将医疗服务补偿与医保直接支付相剥离，医疗服务补偿在一定预算总额下，由医疗服务的点数及其价值来决定。在医疗服务提供中，"病种点数法"设计在不限制点数总量及其价值的情况下，如果医疗服务提供方忽视点数因素，提供过量医疗服务的话，所获得的点数将增加，但同时点数的价值随数量的增加而降低，最终医疗服务提供方将会发现所提供的医疗服务得不偿失，对提供过量医疗服务持谨慎态度，从而对过度医疗产生制约效果。[2]另外，医保"点数法"针对统筹区域内的医疗

服务供方，使医疗服务供方形成更为紧密的"命运共同体"，医疗机构之间相互竞争，通过"内部人"的身份相互之间对病种的临床路径、技术难度、诊疗理念、药品和器械的使用等信息进行"内部"监督。

（三）"病种点数法"的缺陷

"病种点数法需要高质量数据基础，存在限制医疗新技术发展应用隐患，供方道德风险问题。高质量的病种信息数据是建立"病种点数法"的重要基础，一方面通过病种信息数据来筛选基准病种，另一方面通过信息数据来确定合理的点数分值。"病种点数法"作为总额预付的一个种类，增强了医保战略购买能力，但却限制了医疗服务供方采用新医疗技术、设备的积极性，对医疗新技术的发展应用存在限制隐患。同样，"病种点数法"将经济风险从医保方转移至医疗服务供方，医疗服务供方为避免损失，在信息不对称的情况下将产生道德风险问题。[3]

二、宜昌市医保"病种点数法"改革主要举措

（一）问题导向型"病种点数法"建设

2017 年，国务院办公厅印发了《深化医药卫生体制改革 2017 年重点工作任务》，提出要全面推进建立以按病种付费为主的多元复合型医保支付方式。国家选择部分地区开展按疾病诊断相关分组（DRGs）付费试点，鼓励其他地方积极探索。指导各地完善按病种、按人头、按床日等多种付费方式。综合医改试点省份要选择 1～2 个地市全面实施医保支付方式改革，覆盖区域内所有医疗机构和所有医疗服务，大幅减少按项目付费的比例。

2017 年 6 月 20 日发布的《国务院办公厅关于进一步深化基本医疗保险支付方式改革的指导意见》中"有条件的地区可积极探索将点数法与预算总额管理、按病种付费等相结合，逐步使用区域医保基金总额控制代替具体医疗机构总额控制。"

《关于实行基本医疗保险付费总额控制结算的通知》（宜人社发〔2013〕45 号）从 2013 年 1 月 1 日起开始实施，沿用至今已 5 年。在执行过程也不断在反映问题，如每年超支总额挂账金额连续增长、每年患者的增长率大

于医保基金总额的增长率等，既无法保障医保患者权益也不利于医院的发展。

（二）病种的确定

根据《疾病分类与代码（国标临床版)》，手术使用《手术操作分类与代码（国标临床版)》（ICD－10 国际疾病分类标准），结合宜昌市近 3 年实际结算情况，选择了 959 种病种（部分病种有的无手术点数，有的无非手术点数）纳入医保住院费用"病种点数法"结算改革之中。

经办机构结算职工基本医保的住院费用，其中严重精神病住院 90 天以上的除外，日间手术费用纳入按病种点数付费范围。

（三）点数及系数的确定

1. 确定基准病种及其点数

基准病种确定为"胆囊结石伴慢性胆囊炎"，编码为《疾病分类与代码（国标临床版)》的 k80.101，分值为 1000 分，2017 年度三级医院次均统筹费用为 7374 元，二级医院次均统筹费用为 5899 元，一级医院次均统筹费用为 4277 元，基层医疗卫生机构次均统筹费用为 4646 元。

2. 确定定点医疗机构等级系数

根据不同级别医院医疗条件、技术水平、人员配备、物价、平均费用等存在不同，按照职工医保报销比例的不同，确定三级医院系数为 1，二级医院系数为 0.8，一级医院系数为 0.58，基层医疗卫生服务机构为 0.63。

3. 医院病种点数确定具体方法

（1）主要诊断为《病种点数表》内的病种

以 113 号手术病种为例：

表1 病种点数确定

序号	ICD-10 病种名称	手术人次	手术均次统筹费用（元）	非手术人次	非手术均次统筹费用（元）	测算手术点数	测算非手术点数	修正手术点数	修正非手术点数	确定手术点数	确定非手术点数
113	升结肠恶性肿瘤	57	26780.47	23	7654.69	3559	1017	3559	921	3559	921
114	横结肠恶性肿瘤	34	26413.66	11	6930.53	3510	921	3559	921	3559	921
115	降结肠恶性肿瘤	20	28599.58	16	6448.93	3801	857	3559	921	3559	921

113号手术病种点数（3559）＝［前三年该病种手术均次统筹（26780.47）／前三年基准病种均次统筹费用（7525）］×基准病种点数（1000）

患者出院结算时医疗机构必须按疾病分类与代码（国际临床版）和手术操作分类与代码（国际临床版）来上传主要诊断及编码、次要诊断、主要手术（介入）及编码，根据上传的主要诊断和主要手术确定病种点数。

主要诊断为《病种点数表》公布的病种。有手术的取手术点数：先根据医院级别，取医疗机构等级系数，确定基本点数；再根据本病例基本统筹费用与该病种等级上年度平均统筹的比例分成四个维度，分别确定具体点数。

无手术的取非手术点数：同上。例如，患者甲乙丙丁在三级医院住院，出院主要诊断均为升结肠恶性肿瘤，并都上传了手术。升结肠恶性肿瘤公布的手术点数为3559点，2017年三级医院手术次均统筹为26244元。即可以根据统筹费用与上年度平均统筹的比例分成了四个维度及具体点数。

表2 四个维度及点数

患者	本次住院基本统筹费用（元）	比例	最终点数	四个维度
患者甲	16000	16000/26244＝0.61	3559×0.61＝2170	<0.8
患者乙	25000	25000/26244＝0.95	3559×1＝3559	≥0.8, <1.5
患者丙	50000	50000/26244＝1.9	3559×1.4＝4983	≥1.5, <3
患者丁	80000	80000/26244＝3.1	申请评估确定	≥3

(2) 主要诊断为《病种点数表》外未公布点数的病种

病种点数 = 该病例基本统筹费用/上年度该级别基准病种的次均统筹 × 基准病种点数（1000）× 等级系数

（四）结算方式

宜昌市是以所有定点医疗机构医院为单位进行分值计算。先是确定每月各医疗机构的总点数，然后按月度点数单价乘以该定点医疗机构当月职工病种结算总点数的金额，就是每月应结算给该定点医疗机构的统筹费用。相关公式如下：

每月各医疗机构的总点数 = 该月结算的所有病例点数的合计

各定点医疗机构职工月预结算费用 = （职工月度病种点数支付预算指标/所有定点医疗机构当月病种总点数）即月度点数单价 × 该定点医疗机构当月职工病种结算总点数

（五）配套制度

1. 实行年度考核，将考核结果与年终决算挂钩

年度考核指标有重复住院增长率指标、人均住院费用增长率指标、实际报销比例指标等。定点医疗机构年度决算应支付总额 = （职工年度病种点数决算可支出总额/所有定点医疗机构本年度职工病种结算总点数）× 该定点医疗机构本年度职工病种结算总点数 × 该定点医疗机构年度考核系数。

2. 建立专家评估制度

每季度末月上旬向医保局医审科申请一次，统一表格申请。由医审科抽调每家医院专科专家进行集中讨论评估。

3. 建立医疗机构互审制度

点数单价不仅取决自己医疗机构的行为，还取决于其他医疗机构的行为。

4. 加强日常核查与智能审核监控

一是转变重点，对项目合理性转变为第一诊断的合理性；二是调整智能审核监控规则；三是对医疗机构收治的病种异常情况进行监控；四是对

同级别同病种费用偏离均值进行重点审核；五是提取医院电子病历进行对比。

图1　2017年第一季度与2018年第一季度相关数据比较

三、运行情况分析

从图1可以看出，2018年第一季度的次均费用、自负费用和平均床日数据分别比2017年第一季度下降了2.47%、0.65%和13.48%，而住院人次比2017年第一季度还增长了7.26%。

这说明，一是点数法结算办法与现有的经办能力匹配，运行平稳；二是医疗机构自律意识增强，合理控费初见成效；三是参保群众就医体验好转，满意度高；四是医疗机构之间良性竞争，结算更加合理。

四、按"病种点数法"结算的优点

（一）多层预算管理机制有效控制总体住院费用

病种点数法（以下简称点数法）就是以总额控制为基础的全面按病种付费，点数法将总额控制与按病种付费充分融合，既能通过总额控制实现医疗费用的有效控制、维系医保基金的可持续性，也能通过按病种付费充分体现医疗机构和医生的技术劳务价值。[4]

（二）促进分级诊疗的实施

能够促进医院之间的竞争跟协作，同样一种疾病谁的成本低谁就可能获得的利益最大，促进医院控制成本，优化医院之间的分工，形成类似分级诊疗的效果，促进分级医疗。按"病种点数法"结算是将总额控制与点数法的结合应用，建立复合式付费方式，促进医疗机构之间良性竞争，激励医疗机构加强自我管理，发挥医保支付对医疗机构和医务人员的激励约束作用。

（三）与 DRGs 相比，技术研发和管理相对简单

可以从既有的 ICD‒10 的疾病分类诊断分类方法来做，不需要技术研发的过程，容易推广，且当前医保机构管理能力可以支撑。相较于技术含量高、开发难度大、执行起来难度高、管理成本也很高的 DRGs，点数法的疾病分类相对比较简单粗糙，起点较低，容易操作和实施，因而具有广泛的可应用性。[5]并且点数法与 DRGs 殊途同归，方向一致，是现阶段最适合中国国情的方法。在有些暂时不具备直接实施 DRGs 的地方（宜昌市医保局认为宜昌市在 2 年以内不具备直接实施 DRGs）点数法反而更加行之有效。

（四）可因地制宜，动态调整

通过不同医疗机构之间的相互协商逐步优化，最终实现点数法下的 DRG，也可以按照 DRG 的分组方法来优化病种分类。点数法即按病种分值结算从某种程度上可以看作是逐步推进 DRGs 的一种方式。点数法在实施过程中，通过医保与医疗机构和临床专家的不断协商、不断调整和修正，疾病分类和权重确定也越来越科学、合理，也会逐步向比较科学的 DRGs 靠近，不失为逐步实施 DRGs 的一种比较可行的现实路径。

（五）具有控费作用

有利于增强医疗机构合理控费的内生动力，点数法即按病种分值付费实行同病同价，体现了对合理治疗的激励和对不合理治疗的约束，哪家医院的成本低，得到的医疗费用补偿相对就多，反之则少，可促使医疗机构从自身利益上控制成本，合理施治。

（六）有利于医疗机构之间的相互监督

因为各个病种的分值是事先确定并公开的，如果有的医疗机构通过诊断升级、分解住院等不规范行为而增加分值，很容易被发现，而且在总量控制下，套取高分值的做法最终将会影响其他医院的利益，引起同行的不满，再加上异常分值要经过专家团队的评审，也难以得逞。

（七）有利于减轻参保人员医疗费用负担

将住院实际报销比例作为考核指标，使得医院在诊疗中主动使用医保目录内的药品和服务项目，减少了导致看病贵的原因之——医疗支出的自费项目。

（八）有利于增强医院自主管理意识

可以提升医疗机构病历书写、病案管理、诊断编码管理等质量管理水平，结算信息上传规范。

（九）有利于宏观调控和形成医疗费用分担机制

总额控制下的按病种分值付费确定了病种与病种之间的费用比例关系，模糊了直观的病种（费用）定额，一个分值多少钱，医疗机构无从事先掌握。[6]

（十）有利于实现医保、医院和患者之间的"三赢"的目标

一是真正改变了医院的运行机制，医院合理收治住院患者，尽管医院总收入增速逐步趋缓，但利润不断增加。二是医疗费用增速放缓，基金运行平稳。三是参保群众得实惠，政策范围外服务减少，实际报销比例有所增长。此外，还助推了分级诊疗机制的实现。

五、按"病种点数法"结算的不足

（一）数据质量有待提高

宜昌市的病种点数法是根据全市三级医院最近三年出院患者的病种及费用，确定相应的病种点数，完全采用历史数据分析法，即完全基于一定时期内医保和个人自费费用的相关数据，不考虑之前的诊疗是否合理，确

定权重的方法。造成了部分病种费用，与临床实际病种严重程度及治疗不符，有待制度的逐步完善。

（二）病种点数法作为总额预付的一种，没有考虑医疗技术创新因素

对于价格不菲的新技术新业务的开展不利，限制了宜昌市医疗技术水平的发展。

（三）当前病种点数法病种细化程度有限

病种点数法仅对第一（主要）诊断进行结算，对病情危重、治疗复杂、需长期住院的患者治疗不利。病种点数规定对该类特殊病例医疗机构申请的比例原则上不能超过该机构按病种点数结算病例的 5%，对于技术水平高，承担了大量疑难杂症的三级医疗机构会有收治两难的情况。

（四）病种点数法依然存在供方道德风险问题

有一些医院为了多获得积分，有降低住院标准、诱导患者住院的动力。医生虽然不知道某个患者的具体花费，但还是有评估的，对于费用高的则可能存在侥幸心理，偷偷安排分解住院。病种分值付费法下，医生只要把首次诊断写得高一点，就可能得到更高的分值。

六、建议

（一）医疗机构的规范管理是支撑

医保支付方式由后付制向预付制转变的趋势使医疗机构 20 多年来依靠规模快速扩展和发展的时代结束了，由利润中心转变为成本中心，医疗机构被政策倒逼着从粗放式管理向精细化管理转变。医疗机构在"病种点数法"下转变管理理念，提高医疗服务成本效益、医疗服务质量与医保支付方式合理控制医疗费用增长的目标具有相容性。

一是建立权责匹配的成本控制管理体系；二是完善成本控制绩效考核方法，激励科室成本管理最大化；三是开展全面全程的成本分析，为医院成本控制重点提供依据。

（二）提升医保经办能力是基础

一是要加强培训工作，提高经办人员业务素质；二是加强计算机网络

系统建设；三是切实提供资金保障。

（三）医务人员的支持是关键

"病种点数法"若要起到真正医保控费的作用，需要医务人员的支持。医务人员是否正确录入诊断，决定了病种点数值是否合理。只有所有医务人员都严格遵守"病种点数法"的规定，正确录入诊断，才能保证"病种点数法"起到应有的作用。

支付方式改革既不是为了单纯控制费用，也不可能杜绝所有不合理医疗行为，而是要建立一种激励机制，引导医院和医生的医疗行为，促进合理竞争，引导医疗资源合理配置，最终解决好老百姓医疗保障问题。

参考文献

[1] 刘芳，赵斌. 德国医保点数法的运行机制及启示 [J]. 德国研究，2016 (4).

[2] 邸傲南. 医保支付与合理控费研究 [D]. 安徽医科大学硕士学位论文，2016.

[3] 王宗凡. 如何完善"点数法"总额控制 [J]. 中国社会保障，2017 (3).

[4] 赵斌. 点数法地方实践的比较 [J]. 中国社会保障，2017 (3).

[5] 张兴. 点数法面临几重难题？[J]. 中国社会保障，2017 (3).

[6] 张兴. "点数法"中的医疗机构等级系数 [N]. 中国劳动保障报，2017 – 07 – 18.

定点扶贫"单位包村、干部包户"制度运行的成效、 不足及对策[*]

◎赵　鑫

中南财经政法大学公共管理学院，湖北武汉，430073

摘　要：定点扶贫机制是当前我国脱贫攻坚时期广泛运用的一种扶贫模式，通过结对帮扶促进贫困村脱贫，安徽省在总结各省定点扶贫经验的基础上，结合本省特点，提出"单位包村、干部包户"的创新机制，每年向贫困村分派驻村工作队，实行"第一书记"长期驻村帮扶。本文主要通过描述近年来安徽省阜阳市颍东区驻村帮扶的案例，总结帮扶机制成效，分析影响"单位包村、干部包户"机制的主要因素，并针对不足之处提出完善建议。

关键词：定点扶贫　驻村帮扶　扶贫干部

反贫困一直是中华民族艰巨的任务之一，中共十八大以来，以习近平为总书记的党中央高度重视扶贫工作，把扶贫开发作为实现第一个一百年奋斗目标的重点工作，大力推进精准扶贫。为确保 2020 年全面实现小康社会，脱贫攻坚已进入决胜时期，精准扶贫开展以来，各地区根据自身的地

---

* 本文系中南财经政法大学研究生教育创新计划项目成果（项目编号：2017112105）。

理、历史、资源等特点，创新扶贫机制和模式，形成了产业扶贫模式、金融扶贫、异地搬迁扶贫、旅游扶贫等模式百花齐放的局面。这些模式具有以贫困人口脱贫致富为目标，以开发式扶贫为手段，以建立贫困群众内生发展动力为根本等特征，这些模式具有可学习、可复制、可推广的特点。[1]

而定点扶贫机制作为扶贫机制的创新成果之一，同样得到了广泛的运用。从定点扶贫的帮扶主体看，多以高校、政府部门和事业单位为代表的公共部门为主，从帮扶方式看多采取帮扶单位联系贫困村，干部长期驻村进行帮扶工作。黄海根认为定点扶贫是一种更高层次的扶贫开发，在这种扶贫模式下可以通过对人与物的结合，实现人对物的开发利用，使定点扶贫在扶贫开发过程中构建和支撑大扶贫的格局。[2]刘贵川认为定点扶贫作为国家扶贫工作的重要补充，对加快贫困地区经济社会发展起到了重要作用。[3]在长期的扶贫实践过程中，不同地区实施了不同的定点扶贫机制。从广东省"规划到户、责任到人"的"双到"扶贫模式，到贵州省"六个到村到户"（结对帮扶到村到户、产业扶持到村到户、教育培训到村到户、农村危房改造到村到户、扶贫生态移民到村到户、基础设施到村到户），再到湖北恩施龙凤镇全国综合扶贫改革试点区创新的七个"到户"（精准识别到户到人、供养救助到户到人、教育培训到户到人、公共服务到户到人、产业扶持到户到人、联动帮扶到户到人、动态管理到户到人）均体现了精准扶贫开发工作的针对性和实效性。

一、安徽省的"单位包村、干部包户"精准扶贫模式

在全面建设小康社会的大背景下，精准扶贫工作逐步展开，2013 年中共中央办公厅和国务院办公厅联合印发《关于创新机制扎实推进农村扶贫开发工作的意见》的通知，中共安徽省委办公厅、安徽省人民政府办公厅为贯彻落实该通知意见，2014 年 4 月 28 日联合印发《关于创新机制扎实推进农村扶贫开发工作的实施意见》，意见包括了改进扶贫工作考核机制、建立精准扶贫工作机制、建立"单位包村、干部包户"制度、改进扶贫资金管理、完善金融扶贫机制、创新社会扶贫参与机制。明确提出确保每个贫

困村都有定点帮扶单位，确保每个贫困村都有帮扶责任人，建立驻村工作队。2014 年 7 月 9 日安徽省扶贫开发领导小组、中共安徽省委组织部印发了《关于建立"单位包村、干部包户"定点帮扶制度的实施意见》。2015 年 6 月 10 日，安徽省农业委员会和安徽省扶贫开发领导小组联合转发了中共中央组织部、中央农村工作领导小组办公室、国务院扶贫开发领导小组办公室《关于做好选派机关优秀干部到村任第一书记工作的通知》。

安徽省在总结各省定点扶贫机制的基础上，创造性地提出了"单位包村、干部包户"的精准扶贫模式，旨在对每个建档立卡的贫困村确立一个帮扶单位，对每个建档立卡的贫困户确立一个帮扶责任人，广泛调动社会各方力量，改善生活条件，发展贫困村和贫困人口的内生动力，加快脱贫致富步伐，最终实现 2020 年全面小康的目标。扶贫单位和帮扶干部在扶贫工作中，发挥自身独特的政治和经济优势，宣传并落实国家的扶贫政策和党的大政方针，针对贫困村和贫困户的实际情况和需求，利用扶贫专项资金并充分调动社会各类资源，制订合理的扶贫计划，致力于贫困地区走出贫困的困境，最终实现消除贫困、改善民生、逐步实现共同富裕的社会主义本质要求。

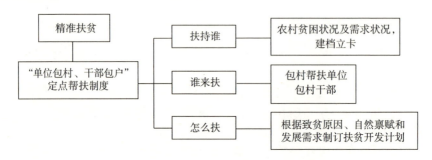

图 1 "单位包村、干部包户"精准扶贫模式

下面以阜阳市颍东区为例，介绍"单位包村、干部包户"制度的实施情况。

颍东区，地处淮北平原、京九经济带腹地，是皖西北中心城市阜阳市的东大门，是国家扶贫开发重点区，皖北省级连片特困区，2014 年全区有省级贫困村 50 个，贫困人口 10.44 万，贫困户 34622 户。基础设施滞后、经济发展模式单一、人多地少、资源稀缺、自我发展能力不足是制约颍东区农村发展的"瓶颈",亟须借助外力来帮扶发展。安徽省推行的"单位包村、干部包户"定点帮扶制度恰好解决了颍东区自身发展动力不足的问题,2014年10月,颍东区正午镇吴寨村成立了全省首个驻村扶贫工作队,安徽省财政厅为定点帮扶单位。

根据安徽省"单位包村、干部包户"定点帮扶制度的要求,在确立帮扶单位后,安徽省财政厅第一时间派出工作组,对阜阳市颍东区吴寨村进行调研,了解基本情况后制订相应的扶贫计划。

整合资金,打造园区基地。整合农发、扶贫等财政资金,加强扶贫产业基地路、水、电等基础设施建设,建设东华西兰花、恒兴草莓、丰海生态农庄、阳光花卉4个扶贫产业发展基地,建成园区基地生产道路16条,节水灌溉覆盖约1800余亩,清理沟渠24条,整理鱼塘9口,为企业入驻、发展生产、带动就业创造良好的外部环境。

发展带动,领办合作组织。以吴寨创业经济服务公司为平台,牵头领办若干个农民专业合作社,发展新型农村集体经济。先后成立吴寨土地股份专业合作社、幸福农业服务专业合作社、益民特色种养专业合作社,实现流转土地7000余亩,带动农户424户约1720人。

开展培训,组织就业务工。根据产业发展现状,邀请农业专家、企业技术人员和大户能人,采取集中讲授、现场指导、跟踪服务等方式,先后组织20批次约400人进行培训,提高群众种养能力,为更好地服务企业,自主创业奠定技能基础。通过幸福农业合作社,合理调配劳务人数,增加劳动就业岗位,实现村内400多人就近就业,同时带动周边村民就业务工。

二、"单位包村、干部包户"制度的运行

(一)"单位包村、干部包户"制度的成效

安徽省"单位包村、干部包户"制度的实施在扶贫实践过程中,扶贫单位和扶贫专员在总结扶贫实践经验的基础上,根据扶贫对象的实际情况,不断调整工作思路和方法,在解决贫困人口温饱问题的基础上,努力增加

农村经济实力和贫困农民收入，逐步改善贫困地区的生产和生活条件，同时注重区域生态环境建设（改善贫困县的区域生态环境），推动安徽省的贫困消除和新农村建设。根据我国的贫困退出标准：贫困人口退出以户为单位，主要衡量标准是该户年人均纯收入稳定超过国家扶贫标准且吃穿不愁、义务教育基本医疗住房安全有保障；贫困村退出以贫困发生率为主要衡量标准，统筹考虑村内基础设施、基本公共服务、产业发展、集体经济收入等综合因素。以我国贫困退出标准为依据，总结"单位包村、干部包户"定点扶贫制度的运行成效。

基础设施得到全面改善，群众生产生活水平显著提高。本着以人为本、为民服务的理念，定点扶贫单位和挂职蹲点干部积极到贫困村送思想、送服务，把解决群众生产生活方面的困难作为扶贫工作的头等大事来抓，大力兴建、维修各类便民设施，进一步提高贫困群众生产生活水平。扶贫单位利用专项扶贫资金大力推进贫困地区的基础设施建设，根据颍东区政府网站上公布的 2017 年财政专项扶贫资金项目清单数据显示，仅 2017 年，在 183 个扶贫工程中，基础设施建设扶贫就有 98 项，总投资为 9824.1456 万元，占总扶贫资金的 27%。主要涉及贫困地区的水、电、路，以及产业扶贫基地的基本需要。

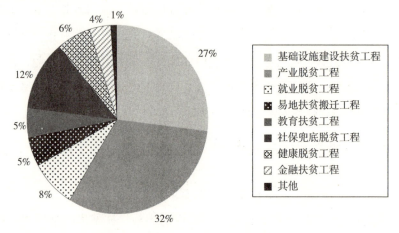

资料来源：颍东区政府网站。

图 2　2017 年颍东区扶贫资金项目分配比

农村产业逐步实现多样化，农民增收渠道越来越宽。定点扶贫单位和驻村工作队始终致力于提高当地农民经济收入，想方设法让农民脱贫致富。为了培育新的经济增长点，定点帮扶干部深入一线开展调查研究，结合贫困村实际，积极争取项目，大力扶持能够创收的各类特色产业，实现产业扶贫全覆盖，全县重点贫困村集体经济取得较快发展，当地农民收入显著提高，43 个贫困村发展 1 项以上特色种养业均通过达标认定，发展特色种养业"一村一品"达标贫困村 5 个。

可支配收入是衡量居民生活水平的重要指标之一，可支配收入与生活水平大致呈正相关关系。"单位包村、干部包户"制度中驻村工作队通过发展农村产业，提高集体收入经济，与财政支出相互配合，共同提高农民的人均可支配收入。

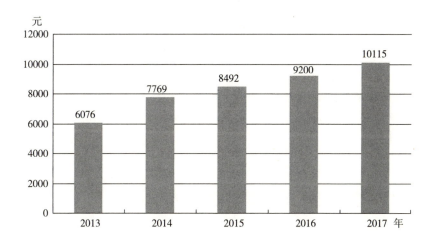

资料来源：2013—2017 年《颖东区国民经济和社会发展公报》。

图 3　颖东区农村人均可支配收入

培训效果日益显著，贫困户自我发展能力明显提升。颖东区紧紧围绕产业结构调整和贫困户增收需求，支持定点扶贫单位联合、培训机构和相关单位举办各类培训班，开展实用技能培训和劳务就业培训，也改变了贫困户"等、靠、要"思想，激发其自身发展动力。同时也加强对定点帮扶干部的培训，提高定点帮扶干部政策水平和业务能力，全年共举办培训班 57 期，各类干部 9979 人次，创业致富带头人 41 人次，极大地提高了贫困户自我发展能力，切实加快全县脱贫步伐带动各方力量共同参与，定点扶贫帮扶作用有效发挥。定点扶贫各单位积极选派优秀党员干部帮扶基层党组织建设，提高农村基层党组织的战斗力，及时组织村级党组织党员群众学习党的十八届六中全会和十九大会议精神，积极宣传党的各项强民富民政策。颍东区积极开展"百企帮扶贫困村"活动，驻村工作队积极与县内县外有关企业和社会团体进行对接，争取社会帮扶资金和物资，加大对贫困村投入，解决贫困户生活难的问题。

随着"单位包村、干部包户"机制的顺利开展，吴寨村脱贫攻坚取得了预期的成效。充分利用政府投入资金，创办村级创业经济公司，同时引进大力发展产业扶贫，村集体经济收入由 2014 年的欠账 12 万元增加到 2016 年盈利 54.9 万元，再到 2017 年的 70.9 万元，实现了跨越式发展。吴寨村村民通过土地入股、资金参股、扶贫配股、就业务工等多种方式，参与到农业产业化进程中，分享农业产业增值收益，农民人均可支配收入从 2014 年的 7402 元增加到 2016 年的 12826 元再到 2017 年的 14975 元，四年内翻了一番。经过省财政厅驻村帮扶和村级不懈努力，截至 2017 年底，吴寨村累计脱贫 259 户 689 人，贫困发生率大幅下降，由 2014 年的 17.4% 下降到 2017 年的 1.23%，圆满实现了贫困村出列的目标。

（二）"单位包村、干部包户"制度实施的经验

1. 工作目标明确，针对性强

"单位包村、干部包户"制度区别于整体推进的扶贫模式，注重帮扶的个体瞄准，明确规定了扶贫的对象，不仅每个贫困村有定点帮扶责任单位，而且每个贫困户也有一个帮扶责任人。首先"单位包村、干部包户"制度明确规定了帮扶单位和帮扶责任人的职责范围和工作任务，在宣传党和国家关于农村工作，特别是扶贫开发的重大方针政策的基础上，帮助落实好各项强农惠农富农政策，协助监督、检查各类扶贫项目的实施和管理。同时，注重贫困地区的差异化，根据贫困村的致贫原因和发展需求，帮助贫

困村科学制订扶贫开发规划和年度实施计划,落实帮扶措施,促进贫困村整体脱贫。其次,"单位包村、干部包户"制度是根据中央创新扶贫机制的要求提出的,由省级政府层层推进,各级基层政府贯彻实施,具有一定的任务性以及顶层设计的色彩,再附之以分级管理,年度量化考核法方式,在一定程度上督促帮扶单位和帮扶责任人按质按量地完成扶贫工作。

2. 密切联系群众,重点突出

根据长期的扶贫经验可以总结出致贫的原因主要有因病致贫、因灾致贫、因残致贫、因学致贫、缺土地、缺技术、缺劳力、缺资金和自身发展动力不足等原因。贫困户的生产生活水平、受教育水平以及经济水平的不同造成贫困户主体的多元化,因而贫困户的利益诉求各不相同,"单位包村、干部包户"机制中帮扶责任人深入基层,与贫困人口同吃同住,通过自己的亲身体会了解贫困地区存在的最基本的生产、生活方面的问题,也能够深入考察贫困户的实际情况,形成同理心,增进感情。密切联系群众,能够直接了解到贫困户的需求,从而根据贫困重点制订有针对性的脱贫方案,加快脱贫工作的开展。

3. 帮扶干部的个人能力

驻村书记作为带领大家脱贫致富的带头人,在整个扶贫工作过程中资源的整合、资金的利用、政策的落实与扶贫形式的创新等方面发挥着至关重要的作用,因此帮扶干部个人的素质与能力是影响"单位包村、干部包户"制度实施效果的重要因素之一。帮扶干部既是各种惠民利民扶贫政策的宣传员,也是开展各项扶贫项目的引导员,更是扶贫工作实施过程中的督查员。政治过硬、作风扎实、敢于负责、勇于担当、廉洁自律的帮扶干部能够促进扶贫工作效率的提高,也更易获得贫困群众的信任,无形之中为扶贫工作建设了通畅的道路。

4. 整合多方资源

扶贫工作的开展和新农村的建设不可能仅仅依靠政府的支持,"单位包户、干部包村"制度突破了政府这个主体的局限,更多的事业单位和企业也加入扶贫工作中。充分发挥各类主体的优势,统筹各类资源帮助贫困村和贫困户解决实际困难和问题。政府的顶层设计为精准脱贫提供了政策保障，财政专项资金改善了贫困地区的道路、生活用水用电、农田水利等公共基础设施；事业单位、高校等科研机构利用知识技能优势帮助贫困户开展实用技能培训，增强贫困户的内在素质；"千企帮千村"活动使民营企业以其的经济优势和产业优势，创新精准扶贫模式和参与途径，建立开发式、造血式的长效机制，培育和发展稳定增收的主导产业和村集体经济项目，激活贫困地区的内生动力。

（三）"单位包村、干部包户"制度存在的不足

1. 帮扶干部履职不力

根据安徽省纪检监察网发布的全省扶贫领域突出问题专项整治典型案例的事件统计，驻村干部主要存在工作失职、履职不力的情况。2016 年，颍东区袁寨镇西康村扶贫专干在扶贫精准识别识别动态调整过程中，工作不负责任，将不符合规定的 3 户纳入返贫户名单，导致贫困户识别不精准、脱贫结果不真实，2017 年，在安徽省脱贫攻坚"双考双查"过程中发现，定远县连江镇李集村驻村扶贫工作队队长作为某贫困户的帮扶责任人，不认真履行帮扶责任，从未对贫困户开展帮扶工作，造成不良影响。

扶贫干部具有双重身份，一是身担公职的公共人，二是追求个人利益的理性经济人。干部主体的趋利性导致其在行使公职的过程中追求利益的最大化，进而出现工作失职、履职不力的行为。由于帮扶干部不认真负责的工作态度，自律意识的欠缺导致未能真正落实"单位包村、干部包户"定点扶贫制度。

2. 扶贫主客体的冲突

"单位包村、干部包户"定点扶贫制度是一种自上而下的精准扶贫治理模式，因此会导致帮扶主体和贫困户有各自的价值取向。首先，作为扶贫干部更倾向完成上级下发的硬性规定和工作任务，造成追求功绩而寻求成效显著的方式，但这些方式并不完全适合贫困户的脱贫方式，导致帮扶结果未能迎合贫困户的实际需要，这就造成了二者目标的不一致性。其次，作为外力帮扶的主体，驻村干部由于是外部输入，与村民没有血缘关系，

同时又拥有体制内的身份，贫困户容易对其产生隔阂。最后，贫困户有可能会为了追求自身利益，在扶贫干部进行调查走访的过程中刻意隐瞒自己的实际情况，上报虚假信息，以获得更多的资金支持。

三、对策建议

（一）帮扶干部方面

一是要做好帮扶干部的选拔工作。各扶贫单位通过对工作能力和工作态度等多方面综合考量，选拔出有责任、有担当、有干劲、有能力的干部去驻村扶贫，注重扶贫干部的质量而不是数量。二是要完善监督和考核机制。通过不定期的巡视和开展信访工作，以内部监督和外部监督相结合的方式，对帮扶单位和帮扶干部的工作行为进行监督。将扶贫考核标准内容进行调整，不能仅仅以包括贫困村和贫困人口的经济增长和产业数量在内的功绩为考核指标，更要从贫困户的满意度出发，考量帮扶单位和帮扶干部的工作态度和工作方式。

（二）贫困户方面

内因是事物发展的根本原因，贫困地区的脱贫和发展的关键是贫困者的内生动力，要想从根本上实现脱贫，激发人口的内生动力是关键，一靠精准，二靠长效，因此应当提升贫困人口的自身能力。通过教育扶贫，提高贫困人口的整体教育水平和素质，扶贫要使贫困户抛弃"等、靠、要"的思想，要建立正确的态度接受扶贫工作，树立用自己的劳动换取成果的思想。但是教育扶贫在短期内成效不明显，需要辅之以产业技能培训。培训是政府组织开展的以提升技能、促进发展、增加收入为目的而开展的学习活动，目的明确、针对性强、培训连续性好的技能培训能增强乡村劳动力素质、提高农村发展动力。多数农村存在"空心化"问题，大量劳动力外出打工，导致农村留守人员出现两极分化。政府应加大农民产业技能培训的资金投入，整合党校、农校和职业学校的教育资源，提高培训效益，以帮扶为目的，围绕种植、养殖、农产品加工、电商等重点产业，开展生产经营、专业技能等方面的培训，保障人人能从中受益。

我国的定点扶贫制度是在不断深化的扶贫开发历史进程中产生的，政府部门、事业单位甚至民营企业通过组织化的行为定点帮扶各贫困地区，以物化的形式对重点贫困地区进行帮扶，是全国扶贫攻坚的一个重要组成部分，与其他扶贫模式相辅相成，发挥着越来越大的作用。安徽省"单位包村、干部包户"定点扶贫机制作为全国定点扶贫的创新机制之一，需要不断地完善和发展，不断创新原有的扶贫方式方法，增强扶贫主体的多元性和整体性，进一步推动定点扶贫工作的科学发展。

参考文献

［1］黄承伟. 中国扶贫开发道路研究：评述与展望［J］. 中国农业大学学报（社会科学版），2016，33（5）.

［2］黄海根. 推进定点扶贫科学发展——对江西省定点扶贫工作的调查与思考［J］. 老区建设，2008（13）.

［3］刘贵川. 做好机关定点扶贫工作的思考［J］. 山西财税，2008（7）.

［4］何纯真，侯麟军. 精准扶贫背景下的驻村帮扶制度研究［J］. 管理观察，2018（23）.

［5］郭小聪，吴高辉. 第一书记驻村扶贫的互动策略与影响因素——基于互动治理视角的考察［J］. 公共行政评论，2018（11）.

［6］王卓，罗江月. 扶贫治理视野下"驻村第一书记"研究［J］. 农村经济，2018（2）.

社会支持网络视角下分散供养的"五保"老人社会养老体系研究
——以山东省高密市为例

◎杨　光

山东大学哲学与社会发展学院，山东济南，250100

　　摘　要：当前我国农村分散供养的"五保"老人的养老状况不容乐观，社会支持网络不完善是其主要原因，其中政府制度和政策支持网络不到位，家庭支持网络处于断层状态，邻里支持网络渐渐脱离。对此，笔者对山东省高密市分散供养的"五保"老人进行实地调研，观察农村分散供养的"五保"老人的养老状况，结合社会支持理论，给出完善分散供养的"五保"老人的社会养老保障的对策建议，主要包括强化政府政策支持、推行"五保村"建设，成立"五保"社区、社工介入补充"社会资本"缺乏的短板等。

　　关键词：社会支持　分散供养　养老保障

　　农村"五保"是当前农村最特殊、最困难的群体，解决这部分人群的养老问题，有助于完善我国农村社会保障制度的建设，有利于和谐社会的进一步构建。然而，农村"五保"老人，因其身份的特殊性并且数量庞大，很难通过自身努力去获取养老资源，尤其是农村分散供养的"五保"老人，本文基于这一背景，对分散供养的农村"五保"老人构建系统完善的社会支持网络进行研究，从而提升"五保"老人生活质量，完善其社会养老保障体系。

在人口老龄化背景下，分散供养的"五保"老人数量庞大并有其自身的特殊性。我国农村特困供养老人数量庞大。截至 2015 年底，全国救助供养农村特困人员 516.7 万人，其中，集中供养 162.3 万人，分散供养 354.4 万人，年平均供养标准为 4490.1 元/人，比上年增长 12.1%。此外，农村"五保"老人"无劳动能力、无人赡养、无生活来源"，由于其自身的特殊性、脆弱性以及社会关系网络的断裂，使其丧失社会资本，缺乏自我保障和家庭保障的必要条件，需要得到政府与社会的关注。

一、文献综述

从"五保"供养制度建立至今，学术界对这一制度的研究经历了一个由弱到强的过程。具体包括三个方面，其一是"五保"供养制度的建立原因及发展过程等，其二是现行"五保"供养制度存在的问题及完善"五保"供养制度的对策建议，其三是还有一小部分学者研究这"五保"供养制度的退出机制。由于本文几乎不涉及第一和第三部分的内容，因此重点对第二部分进行文献综述。

首先，对于我国"五保"供养制度存在的问题，杨团等认为农村分散供养"五保"对象是"五保"供养人口的主体，税费改革后他们成为基本生活权益受影响最大的群体，主要问题在于分散供养标准低、经费难以足额到位、日常生活照料被忽视。其次，对于社会支持方面的文献有如下：张友琴在《老年人社会支持网的城乡比较研究——以厦门市个案研究》中得出家庭支持在老年人社会支持网中占重要地位，并且多样化的网络有助于促进老年人的晚年生活质量。贺寨平在《社会经济地位、社会支持网与农村老年人身心状况》中得出了农村老年人的社会经济地位、社会支持和网络变化都对老年人的身心状况有显著的影响。何芸等在《着力强化农村

"五保"老人社会支持网络——基于社会工作的分析视角》中认为可以尝试从理论上探寻社会工作方法介入"五保"老人服务，构建"五保"老人社会支持网络。

综上所述，学术界对于分散供养的"五保"老人的养老保障制度研究中，其存在的问题主要从制度和政策的角度阐述"五保"制度保障不充分、保障效果差等，并提出从政府和社会两个方面来进行完善，政府主要保证资金的提供，而社会层面更加注重"五保"老人的精神慰藉。而对于社会支持角度，只有寥寥几篇文章来探讨将社会支持网络引入完善分散供养"五保"老人养老保障制度中。因此，本文重点从社会支持角度来研究我国分散供养的"五保"老人的养老保障制度。

二、概念界定

（一）"五保"老人

根据民政部《特困人员认定办法》规定："五保"老人是针对农村居民中无法定扶养义务人或者虽有法定扶养义务人但抚养义务人无抚养能力的、无劳动能力的、无生活来源的老年人。

（二）分散供养

分散供养是指独自居住或与亲人合住的"五保"老人由所在的村委会或者亲人、亲属、邻居等负责其日常生活照料等。受安土重迁等传统文化影响以及对养老院心理排斥作用，散居式"五保"老人并不愿意搬离原先的居住场所。当地民政部门需要与村委会签订"五保"供养协议，明确村委会或"五保"老人亲人、亲属的供养责任，确保散居式"五保"老人享受该有的保障。

（三）社会支持

依据社会支持理论的观点，一个人拥有的社会支持网络越强，就越能够更好地应对外在的挑战。一个完整的"五保"老人社会支持体系要素包括政府、社会组织、社区、社会工作者、志愿者及"五保"老人互助群体及其自身，因此，只有整合这些要素的力量，扩大分散供养的"五保"老人社会支持的内容和范围，才能更好地凝聚其社会资本，保持身心健康，提高其面对社会生活的信心和能力。

三、研究设计与人口特征

此次研究主要采用观察法和个案访谈法，笔者通过对山东省高密市莳一乡的"五保"老人进行个案访谈，并且根据实地调研材料对比分散供养的"五保"老人与普通农村老人的差异，与集中供养的"五保"老人的差异。从而总结出分散供养的"五保"老人在社会支持网络方面的现状与问题。

表 1 　　　　　　　　访谈对象基本情况

编号	性别	年龄	供养方式	收入补贴（元）	补贴方式与种类	身体情况
1	男	77	"五保"集中供养	100	高龄津贴	完全自理
2	男	71	"五保"集中供养	180	低保	完全自理
3	男	72	"五保"集中供养（失智）			部分自理
4	男	64	"五保"集中供养（失明）			部分自理
5	男/女	77/74	"五保"集中供养	120	政府每月 100 元 + 养老院 20 元零花	完全自理
6	男	78	"五保"集中供养	200	政府补贴 + 养老院	完全自理
7	男	94	"五保"集中供养	120	政府补贴 + 养老院	部分自理
8	男	72	分散供养"五保"老人	400	老年补贴 + 看大门工资 + 低保 + 残疾人补助金	完全自理
9	男	90	"五保"分散供养	200	低保 + 养老金	完全自理
10	女	80	"五保"分散供养	270	低保 + "五保"	完全自理

根据对"五保"老人的整个群体特征分析可得，首先，在基本人口特征方面，"五保"老人以男性为主，并且大多未婚，相较于同龄老人其身体状况较差，医疗需求明显；其次，在经济特征方面，"五保"老人经济状况较差，其中住房状况相较于普通老人来说较差，甚至很多住在危房，其个人收入较少，主要依靠政府补贴，日常需求包必需品在内的物质需求很难

满足；最后，就其社会特征而言，"五保"老人社会参与严重不足，自我贬损自我"污名化"严重，其孤独感和幸福感相较于普通老人来说比较明显。

对于分散供养的"五保"老人，相较于集中供养的"五保"老人，其整体生活条件更差，经济及医疗状况不及集中供养的"五保"老人，并且其社会参与严重不足，基本上全部独居，并且高龄独居的老人也占很大比例，往往发生危险无人知晓。分散供养的"五保"老人其社会支持网络更加薄弱，因为其缺乏敬老院的日常照料与同伴间的互相陪伴。因此，通过对这部分人群的人口特征分析，分散供养的"五保"老人更加需要完善的社会支持网络。

四、分散供养的"五保"老人养老现状——社会支持网络薄弱

（一）政府政策支持不到位

制度支持是一种正式的社会支持网络，主要通过社会政策法规的制定、贯彻与落实而形成。分散供养的"五保"老人从政府获得的制度支持十分有限，并且政策贯彻不到位。具体表现如下：首先是补贴标准低，他们本来年轻时就没什么积蓄，到了老了丧失了劳动能力后，更是没有什么收入来源，除了政府每月提供的几百块的补贴外，基本没有别的生活来源，而不少老人说，政府的补贴，仅够每月的水电费，甚至有时交不上水电费。其次是房子普遍破旧，甚至是危房经过对一位"五保"老人的入户访谈，清楚地发现"五保"老人的住房问题，这些"五保"老人大多住在土坯房等危房中，十分危险。最后是五保供养政策落实并不完善，实际中仅满足"四保"或"三保"，"五保"，顾名思义，需要政府在五个方面都给予保障，可是实际中，很多"五保"老人只能享受"三保""四保"等。

（二）亲属关系及其他社会支持具有不连贯性

家庭支持网络是老年人社会支持网络的核心，主要由家庭中的配偶、子女以及其他亲属构成。从家庭结构来看，"五保"老人大多没有子女甚至单身，而分散供养的"五保"老人多数独居在家，无人照料无人看管，生病及日常护理没有任何依靠，政府工作人员只是定期形式化地走访，具有

不连贯性。从亲属关系来看，"五保"老人与其亲属之间是属于社会关系中的弱关系，这其中既有历史因素也有现实因素。"五保"老人一直以来被"标签化"，因其年轻时不努力或因为身体残疾等原因导致晚年无人照料，生活凄惨，而现实因素是人们对"五保"老人避之不及，更谈不上照顾了。而随着农村人口结构的变化，农村普遍空巢化的加剧，更谈不上对"五保"老人的照料了，只会越来越缺乏亲属间的照料。从精神慰藉来看，而农村地区又缺乏大学生志愿者这一团体，不像城市养老院生活丰富，这类"五保"老人独自在家，物质匮乏、精神空虚。

（三）社区及邻里支持缺位

我们在实地调研中发现，分散供养的"五保"老人情况比较特殊，既不像普通的农村老人一样可以获得较充分的家庭支持，又不像集中供养的"五保"老人一样可获得敬老院的一系列服务，分散供养的"五保"老人从社区及邻里获得的支持寥寥无几，主要有两个原因：首先是社区支持过于形式化，村委会只是逢年过节定期走访，并没有给"五保"老人的生活质量带来什么实质上的改变。其次是"五保"老人"标签化"严重，邻里避之不及，更谈不上给予帮助。这对于"五保"老人养老社会支持网络的构建都造成一定的影响。

五、提高分散供养的"五保"老人供养水平的对策建议

（一）强化政府政策支持

首先是政府补贴标准：针对不同情况的老人分别补贴，加强对失能、残疾、失智"五保"老人的补贴水平，对于分散供养的"五保"老人，提高每月的经济补贴或者免除其一部分基本生活费用，如水电费等。其次是政府旧房改造提上日程，整体评估"五保"老人住房现状，对于不符合安全标准的住房进行翻修。最后在政策执行中，政府要加大监管力度，缩小政策制定和政策执行之间的差距，确保"五保"全部到位。在具体实施中可加入村委会"监测"体系，定期对"五保"老人的生活质量进行一个简单调查，看是否"五保"全部到位，是否分散供养的"五保"老人基本养

老需要得到满足。此外，政府在"五保"老人社会支持网络的建设中既要发挥好制度建设作用，又要联合社会、社区、亲属等为"五保"老人构建更为牢固可靠的社会支持网络。

（二）建设"五保村"，增强社区支持

所谓"五保村"，是指建在村里的"五保户"集中点，而不是指所有村民都是"五保户"的自然村落。"五保村"的建筑大多是一排十几间的平房，有的建成四合院；入住"五保村"的都是本村的"五保户"，每户一大间居室、一小间厨房；每户"五保户"都是一个独立的家庭，自己支配起居饮食；"五保村"选举一名村长，实行自我管理，村委会指派专人协调有关事务。因此，将分散供养的"五保"老人统一纳入"五保村"供养，既可以解决生活质量差的问题，无形中增加了社区在分散供养的"五保"老人养老需求中的作用，同时还改善了分散供养的"五保老人"独自在家、无人问津的凄惨状况，保证"五保"老人可以度过一个相对幸福的晚年生活。此外，在乡村经常组织一些活动，鼓励"五保"老人参与其中，要让他们的生活状态积极向上，重新参与到社会生活中，对他们的精神状态和身体健康状况会有较大的提升。

（三）社工介入补充"社会资本"

"五保"老人"社会资本"的缺失。詹姆斯·科尔曼认为："不同的网络关系将提供不同类型的社会支持。而分散供养的"五保"老人缺乏各种各样形式的社会支持。首先，由于"五保"老人身份的特殊性，其无法获得家庭支持，缺乏家庭这一方面的社会资本。其次，由于政府大多数情况下只能进行宏观指导，具体政策执行以及执行效果有时会打折扣，这就使得其在一定程度上缺乏政策资本。最后，缺乏社区社会及邻里资本，因社会对"五保"老人的标签化，使其很难得到来自社会的其他社会资本，增加了其获取养老资源的难度。此时，若政府购买社工对分散供养的"五保"老人进行照料与精神慰藉，可弥补其社会资本的缺乏。社工介入可强化分散供养"五保"老人的社会关系，使其更加积极地参与社会活动，提高其自助能力和社会资本，有助于分散供养的"五保"老人更加便捷地获取养老资源。

参考文献

[1] 李伟峰. 当前农村分散供养五保老人问题研究 [J]. 法制与社会, 2018 (14)：153 – 154.

[2] 常亮. 中国农村五保供养：制度回顾与文化反思 [J]. 中国农业大学学报 (社会科学版)，2016, 33 (3)：101 – 109.

[3] 张红霞, 韩旭峰, 陆春丽. 需求视角下农村敬老院"五保"老人供养状况研究——以岔口驿敬老院为例 [J]. 中国农学通报, 2015, 31 (13)：284 – 290.

[4] 何芸, 卫小将. 着力强化农村五保老人社会支持网络——基于社会工作的分析视角 [J]. 理论探索, 2012 (4)：86 – 90.

[5] 苗艳梅. 从物质保障到精神保障——农村五保老人精神需求状况分析 [J]. 社会福利 (理论版), 2012 (3)：47 – 51.

[6] 吴晓林. 我国五保老人生存境遇及政策研究综述——一个"社会资本与政府责任"的分析框架 [J]. 人口与发展, 2010, 16 (3)：81 – 86.

[7] 苗艳梅. 从家庭到院舍——农村五保老人供养方式选择自主性研究 [J]. 华中科技大学学报 (社会科学版), 2010, 24 (2)：93 – 98.

[8] 沈菊, 秦启文. 资源供给视角下农村五保老人供养问题的研究 [J]. 安徽农业科学, 2008, 36 (33)：141 – 143.

[9] 吴晓林, 赵志鸿. 和谐视域中农村五保老人的社会保护——来自湖南省农村五保养老问题的实证研究 [J]. 中国人口·资源与环境, 2007 (5)：138 – 142.

[10] 徐湘林. 农村社会保障体制转型与地方政府创新——广西五保村建设的理论启示 [J]. 新视野, 2006 (1)：37 – 39.